井伊直虎

女領主・山の民・悪党

夏目琢史

講談社現代新書

2394

はじめに　直虎はヒロインにふさわしいか？

「直虎ってだれ？」

平成二十七年（二〇一五）八月二十五日（直虎《なおとら》の命日の一日前！）、ＮＨＫが平成二十九年度大河ドラマのテーマを発表した。「おんな城主 直虎」、主演は柴咲コウさん。このニュースを受けて、「直虎ってだれ？」、そんな声があちこちから聞こえてきた。実際、井伊直虎の地元、引佐《いなさ》地方（静岡県浜松市北区）における知名度もそんなに高くなかった。「徳川四天王の井伊《いい》直政《なおまさ》や幕末の大老井伊直弼《なおすけ》のことはよく知っているが、直虎ってだれ？」「女優の柴咲コウが演じるらしいぞ！」といった声が、瞬く間に広がった。

しかし、直虎のことがまったく知られていなかったわけではない。井伊家の菩提寺《ぼだいじ》である井伊谷《いいのや》龍潭寺《りようたんじ》の前住職武藤全裕《むとうぜんゆう》師が、かなり前から「女城主 直虎」「次郎法師《じろうほうし》」について注目していたし、小説家の梓澤要《あずさわかなめ》さんによる小説『女にこそあれ次郎法師』（新人物往来社、二〇〇六年）や、高殿円《たかどのまどか》さんの『剣と紅』（文藝春秋、二〇一二年）が発表されるなど、一部のの戦国マニアのあいだでは有名になっていた。また、学界でも井伊谷徳政《とくせい》の問題に関連して、久保田昌希氏、阿部浩一氏、大石泰史氏などによって紹介されてきた。そしてとくに小和田哲男氏は、何年も前から戦国期の女性の活躍に注目し、各地で次郎法師直虎の生涯について講演会等を開催していた。

このように、井伊直虎に注目する研究者は少なくなかったが、直虎がほんとうの意味で注目されてきたのは、ここ十数年のあいだだといってよい。

ＮＨＫの発表以降、直虎について〝史料が少なく実在したかどうかも怪しい〟〝彼女はそんなに活躍したの？〟などといった、さまざまな意見がネットを中心に飛びかうようになった。〝彼女はじつは男性であった〟のではないか、という意見もあったかと思う。

しかし、もし仮に、彼女が「男性」だったとすれば、井伊家は、今川氏や徳川氏、武田氏によっていともたやすく滅ぼされていただろう。いや、今川氏がたとえ力を加えなくても、井伊家は一族の内部分裂によって滅亡していた可能性が高い。彼女が「女性」であったからこそ、今日までの歴史が連綿とつながってきたのである。これは本書の骨格にもかかわる問題であるので、これからじっくり考えていくことにしたい。読者のみなさんも、本書を読みきっていただければ、きっと、直虎に関してお持ちのあらゆる疑問は、すっきり氷解すると思う。

直虎の「宿命」

さて、一般の方からも研究者からも、よく「直虎の史料はほとんどない！」と指摘される。じつは、史料が少ないということにも大きな理由があるのだが、しかしながら、私見では、戦国期の女性（しかも「国衆《くにしゅう》」〈在地の有力者〉レヴェルの一族）のなかで、直虎ほど史料に恵まれた女性も少ないと思う。そもそも、直虎の父の代はまだしも、祖父母やそれ以前の人物の一次史料はきわめて少ないし、女性にいたっては皆無である。よって、逆にいえば、直虎ほど豊富な史料に恵まれた女性はいないということになる。もっと印象的な言い方をすれば、直虎は、遠州地方の長い歴史のなかで、はじめてその生涯を追うことのできる「女性」ということになるのかもしれない。

さらに言わせてもらおう。私は、直虎ほど「大河ドラマ」のヒロインにふさわしい女性はいないと確信している。それは、今川氏、徳川氏、武田氏という巨大勢力の狭間に立って、名門の血筋を絶やさないように手腕をふるったその功績もさることながら、彼女が一人で抱え込むことになった「宿命」によるところが大きい。彼女の「宿命」とは、いったい何だったのだろうか。それは、戦国期（十六世紀）という転換期――本書では〝歴史の岐路〟という言葉を使いたい――を生きた一人の女性としての「宿命」である。この時点で、読者のみなさんにとっては、「宿命」という言葉がやや大袈裟に聞こえるかもしれない。しかし、本書を読み終えた後（とくに第二章を読んでいただいた後）、この「宿命」という表現さえ物足りないような気持ちに、きっとなっていただけることだろう。

本書の構成

では早速、直虎の生涯についてあれこれ考えていきたいのだが、まず、彼女の名前について確認しておこう。すでに私は、彼女のことを「直虎」としているが、彼女は「次郎法師」とも名乗った。というよりも、地元の引佐町では「次郎法師」という名で知られてきた。彼女は、同時代の文書のなかで「次郎直虎」という名を使っているが、「次郎法師直虎」と名乗ったことはない。だから、ここでも「次郎法師」という名で書き進めたい気もあるが、大河ドラマのことも配慮したうえで、本書では「直虎」の名で統一したい。

さて、これから直虎の生涯を追っていくが、彼女については次の三つの疑問がある。第一に、なぜ、彼女は「次郎法師」「直虎」という男の名前を名乗ったのだろうか。第二に、戦国という物騒な時代に、なぜ「女性」が、第一線に立たなければならなかったのだろうか。また、なぜ領主となることができたのか。そして第三に、なぜ、彼女のことは、今の今まで一般の人にあまり知られてこなかったのだろうか。

この三つの疑問について説明するのは、簡単なようでいてとても難しい。当時の政治的な背景や出来事を追究していけば、何となく説明がついたような気にもなる。しかしながら、それは、すべて上っ面に過ぎない。この問題の答えは、もっと社会の奥底に隠されている。それは、社会史の問題というより、まさしく人類史・民族史レヴェルの話といえる。本書はその部分に注目した、新しい書物となるだろう。

とはいえ、直虎（次郎法師）が、どういう人物なのか、知らない人の方が圧倒的に多いと思う。本書は第一章で、直虎の生涯を簡単に追い、そのあとに先の三つの疑問を解決していくことにする。つまり、第一章は直虎についての概説（初級編）、第二章は、それをふまえた専門的な考察（応用編）ということになるだろう。初級編のなかには、応用編に向けたいろいろなヒントが出てくる。読者のみなさんは、それを見逃さないように注意深く読み進めていってもらいたい。

さて、前置きはこの辺にしておこう。早速、「次郎法師」こと「直虎」の生涯をみていくことにしよう。その舞台は、オオカミの遠吠えが木魂《こだま》する緑豊かな自然に囲まれた引佐の山中である。

目次

第二章　直虎の正体——「山の民」「女性」「悪党」——

第一章　直虎の生涯

この物語の舞台――引佐町とは

はじめに、この物語の舞台を確認しておこう。それは、現在の静岡県浜松市北区引佐《いなさ》町、旧名でいえば「遠江《とおとうみ》国引佐郡井伊谷《いいのや》」と呼ばれる地域である。浜松駅のランドマークである「浜松アクトタワー」から国道二五七号線を車で約一時間北上する。しばらく進むと、三方ケ原《みかたがはら》の戦いで有名な「三方原古戦場」に至る。そして、さらに進むと、「祝田《ほうだ》の坂」という大きな下り坂へさしかかる。ここから眼下にみえるのは、都田川《みやこだ》流域に広がる豊かな田園風景。これが、井伊直政の出生の地である「祝田」である。さらに、単線一両編成、鉄道ファンに人気の高い天竜浜名湖鉄道の金指《かなさし》駅を越えて、さらに小さな峠を一つ越えると、これまたのどかな田園と緑深い山地に囲まれた平地に出る。この一見どこにでもあるような田園風景と山々に恵まれた地こそ、後に徳川家康の四天王と称される井伊直政を生み、幕末にその名を轟《とど》かせる大老井伊直弼を生んだ名門井伊家の故郷「井伊谷」である。

「井伊谷」という地名は、その名もズバリ「井伊氏」とのゆかりを指すものである。井伊谷には、井伊氏ゆかりの場所がたくさんある。まずは、井伊家の「菩提寺」である井伊谷龍潭寺《りょうたんじ》。そしてその門前にある井伊家出生の井戸。それから井伊谷を一望できる井伊谷城址。そしてその麓にある「井殿《いどの》の塚」と呼ばれる井伊直満《なおみつ》・直義《なおよし》の屋敷跡地。まさに、集落全体が、井伊氏と深い縁で結ばれた地域である。本書の主人公である井伊直虎《なおとら》も、まさにこの地で暮らし、活躍し、そして亡くなった。

井殿の塚（浜松市北区引佐町井伊谷）

しかし、「井伊谷」だけをみていても、遠江井伊氏の歴史は、ほんとうの意味で明らかになってこない。井伊直虎のことをもっと知りたい私たちは、さらに北上しなければならない。

「井伊谷町」の街並みを過ぎて二宮神社の鳥居を左手に通過し、国道二五七号線をどんどん北上する。「北岡」という場所から橋を越えて「花平」を経由し、「焼石橋」を越えて進む。やがて、周囲は、深い緑に包まれてくる。さらに進むと、「伊平《いだいら》」という集落に出る。この伊平は、かつて栄えた集落であり、街並みの面影がある。伊平城（井平城）の跡地もあり、井伊氏の有力家臣である伊平氏が拠点を置いた地域である。

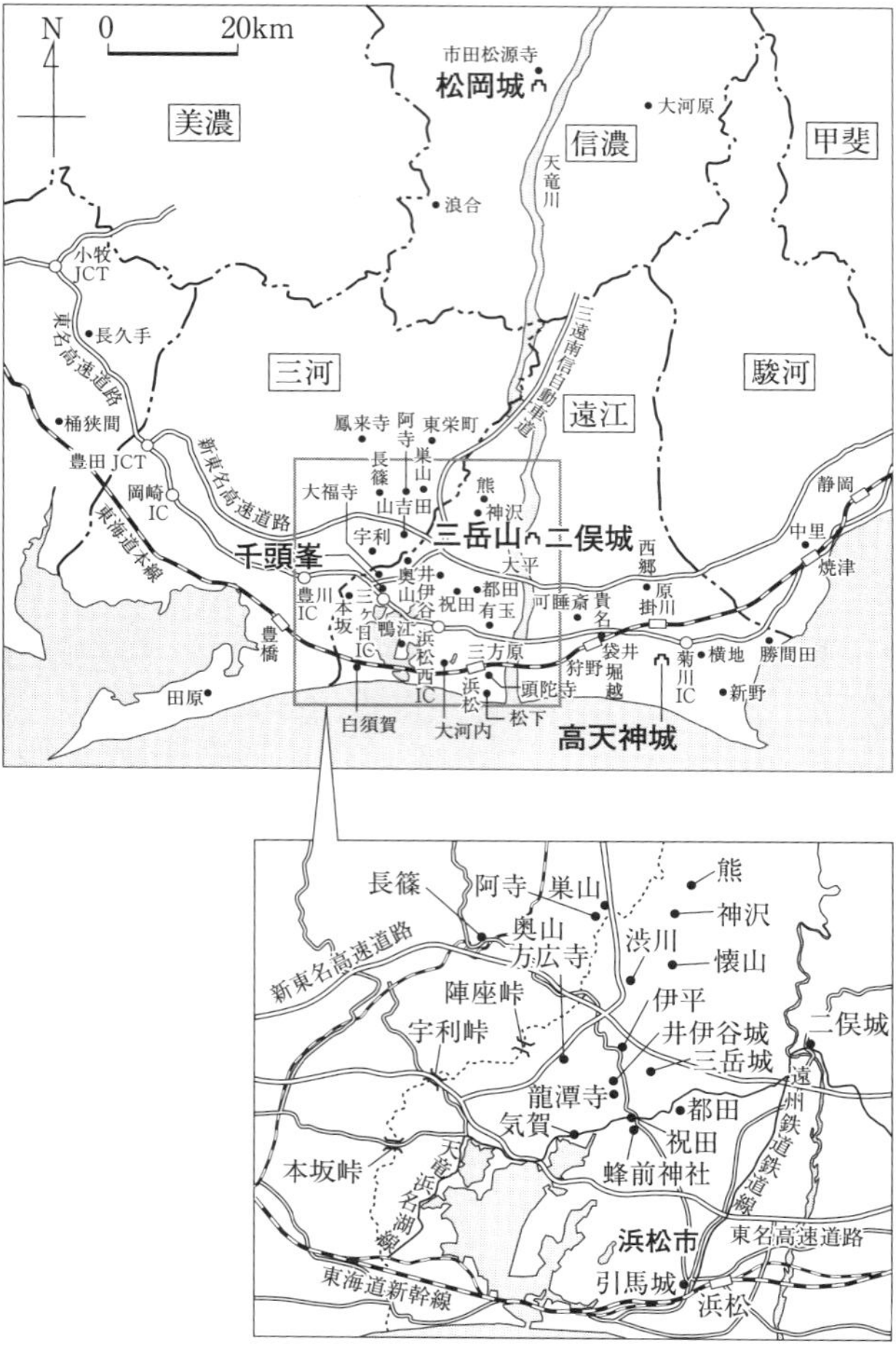
N
0
20km
市田松源寺
松岡城
大河原
美濃
信濃
甲斐
天竜川
浪合
小牧JCT
東名高速道路
長久手
三河
三遠南信自動車道
駿河
遠江
桶狭間
鳳来寺
阿寺
東栄町
豊田JCT
新東名高速道路
長篠
巣山
岡崎IC
大福寺
山吉田
熊
神沢
静岡
東海道本線
宇利
三岳山
二俣城
西郷
中里
千頭峯
大平
焼津
井伊谷
奥山
都田
原
豊川IC
本坂
三ヶ日IC
祝田
有玉
可睡斎
貴名
掛川
鴨江
浜松西IC
豊橋
三方原
袋井
菊川IC
横地
勝間田
狩野寺
堀越
頭陀寺
浜松
田原
新野
白須賀
大河内
松下
高天神城
長篠
阿寺
巣山
熊
神沢
奥山
方広寺
渋川
懐山
新東名高速道路
陣座峠
伊平
二俣城
宇利峠
井伊谷城
三岳城
遠州鉄道鉄道線
龍潭寺
都田
気賀
祝田
本坂峠
天竜浜名湖線
蜂前神社
浜松市
東名高速道路
引馬城
東海道新幹線
浜松

遠江周辺図

さらに北上していくと、右手に「仏坂《ほとけざか》」につながる狭い山道がみえてくる。ここをのぼると、「十一面観世音菩薩」で有名な観音堂を経て、かつて三方ケ原の戦いの前哨戦として山県昌景《やまがたまさかげ》軍と、「井伊谷三人衆」と呼ばれる地元の有力一族が一戦を交えた「仏坂古戦場跡地」につながる。もう、この辺りまで来ると、周囲はすっかり木々に包まれている。

このすぐ近くには、新東名高速道路の「浜松いなさＩＣ」があるが、井伊氏を知るには、さらにさらに北上していく必要がある。ここから、新しくできた「三遠南信自動車道」を使って北上していくことにしよう。黒田・四方浄《しほうじょう》と呼ばれる集落から三遠南信自動車道に乗り、一気に渋川寺野へと向かって進んで

引佐町地図

いく。寺野という集落も、やはり、井伊氏とゆかりの深い地域である。とくに、井伊直親《なおちか》が一時期隠れ住んでいた東光院《とうこういん》は、この渋川地区にある。

さて、ずいぶんと山奥まで進んできた。しかし、じつは、井伊氏をほんとうの意味で知るためには、もっともっと山の奥深くまで入って行かなくてはならない。「井伊領」といえる、中世、井伊氏が支配したと思われる地は、山間部にかなり広がっている。これらを隈なくみていかなくては、井伊氏を知ったことにはならない。しかし、井伊氏ゆかりの地をめぐる旅は、とりあえずここまで。まずは、本書の主人公である井伊直虎の生涯とその背後に広がる世界について見識を深めていくことにしよう。

井伊家のルーツ

「次郎法師」「直虎」などと名乗る本書の主人公である女性の前半生はナゾに包まれている。そもそも、彼女が生まれた年月日すらわかっていない。彼女の許嫁《いいなずけ》となったという井伊直親が、天文《てんぶん》四年（一五三五）の生まれであるから、とりあえず、直虎もこの頃に生まれたと推測しておきたい。これは、父井伊直盛《なおもり》の生年を一五〇六年と考えると、そう不自然なことではないだろう（しかし最近、彦根城博物館学芸員の野田浩子氏は、直盛の出生年を一五二六年とする説を主張している〈「『井伊家伝記』の史料的性格」『彦根城博物館研究紀要』第二六号、二〇一六年〉。そうすると、直盛と直親の年齢差は、十歳ほどになり、直虎と直親の年齢にもそれ相応の差があったことになる）。

また、直虎については、その名前（実名）も明らかではない。戒名は「妙雲院殿月舩祐《みょううんいんでんげっせんゆう》圓大姉《えんだいし》」であるから、あるいは「祐」と名乗ったのかもしれない。しかし、これも憶測であり、詳しい記録は後世に伝わっていない（ちなみに、大河ドラマでは「おとわ」という幼名を使用しているが）。こうした事情が、〝じつは、直虎はいなかったのではないか〟という疑念を生み出し、彼女の人生をひときわナゾめいたものにしている。

ただし、ナゾが多いと言っても、彼女が存在したことは揺るぎない事実である。とくに、「次郎法師」と名乗った、井伊直盛の一人娘がいたことは、さまざまな古文書のなかに、たしかに記録されている。では、直虎の生まれた場所はどこだったのだろうか。これは、じつは定かではない。

「えッ、それは、井伊家の故郷『井伊谷』でしょ!?」と思われるかもしれないが、この点すら疑ってかかる必要がある。もちろん、常識的には、井伊氏の館だと考えられるだろう。井伊氏の常時の館は、戦時に使用する山腹の井伊谷城の麓（現在は井殿の塚と呼ばれる周辺）にあったという。しかし、直虎がこの地で誕生し、幼い頃を過ごしたかどうかは定かではない。井伊谷や祝田、井伊谷川流域の平野部で育ったという見方もできなくはないが、私は、むしろ引佐地方のもっと山奥で生まれ育ったのではないかと推測している。その根拠はいくつかある。この時期、井伊氏の支城は、引佐地方の各地に点々とあったことが知られる。少なくとも渋川、伊平、奥山、三岳《みたけ》、井伊谷に拠点があったことは確認できる。直虎が生まれた時期は、今川氏と斯波《しば》氏の戦闘のなかで、井伊氏が味方した斯波氏方が敗北していく時期であった。周囲に敵も多く、とても安心できる状況になかったであろう。井伊谷は、地形からして敵兵に対して、あまりにも無防備である。直盛もこの地を避け、より離れた引佐北部の山間地域に拠点をもっていたと考えるのが普通であろう。まだまだ井伊谷の地は、井伊氏にとって安住できる場所ではなかったのである。

実際、直虎の曾祖父直平《なおひら》が拠点を置いたのは、伊平から川名《かわな》にかけての山間地帯であったことは、ほぼ間違いない。川名には、直平とゆかりが深い渓雲寺《けいうんじ》という寺もある（直平の戒名は、「渓雲院殿」）。直虎の生まれた当時、十六世紀前半の井伊氏は、引佐地方の山間部において勢力を張っていた。こうした事情から、直虎も川名か久留女木《くるめき》近辺で生まれ育った可能性が高いのではないかと考えられる。

井伊氏が、古代より井伊谷を拠点に成長してきた豪族と考えるのは、明らかに「虚像」である。井伊氏は、南北朝期、後醍醐《ごだいご》天皇の皇子である宗良《むねよし》親王とともに引佐の山城を拠点として戦ったことで知られる。宗良親王と井伊氏（井伊道政といわれる人物）は、北朝方の勢力におされ、やがて討滅させられることになるが、このときも、三《み》岳《たけ》城や大平《おいだいら》城などを転戦したと伝わる。おそらく、井伊氏はある時期までは定住地をもたなかったのであろう。引佐地方の山間部全体を利用しつつ、何とか生き延びてきたというのが実状であったと考えられる。

直虎の父母、祖父母

さて、彼女の父は、後に井伊家の惣領となる井伊直盛。母は新野《にいの》左《さ》馬助《まのすけ》親矩《ちかのり》の妹（祐椿《ゆうちん》尼《に》といった）である。父直盛は、井伊家の惣領として広汎な活躍をした武将として知られている。母方の新野氏は、よく、井伊氏の家臣のようにいわれるが、私見では井伊氏と新野氏は、ほぼ対等であったのではないかと考えられる（実際、江戸時代の記録でも新野氏は「今川氏の家臣」とされている）。もっとも、井伊氏は、重要な拠点である引馬《ひくま》城主となっていた時期もあったというので、ある時期までは井伊氏の方が優勢であった可能性もあるが、基本的には、新野氏の方が今川氏に近い位置にいたと考えてよいだろう。今川氏を中心としたときに、井伊氏の立ち位置はかなり低いものであったのではないか。それは、今川氏からしてみれば、井伊氏が、遠江の山間部――今川氏の「周縁」――に勢力をもつ、ある意味、「野蛮な」一族であったからだろう。

次に、彼女のおじいさん、おばあさんについても確認しておくことにしよう。直虎の祖父は、井伊直宗《なおむね》である。受領名《ずりょうめい》として、「宮内少輔《くないしょうゆう》」を名乗っている。直宗は、天文十一年（一五四二）一月二十九日、今川義元の三河攻めに従い、田原《たはら》城攻めのなか戦死した。このとき、直虎は、まだ五、六歳であったと考えられる。あいまいながらも、直宗についての記憶は彼女の頭に残ったであろう。しかし、直虎にとって、もっと親近感があったのは、祖母であっただろう。久留女木の如意院《にょいいん》には、直盛の母（直虎の祖母）浄心院《じょうしんいん》の菩提が祀られている。久留女木周辺では、彼女のことを「大神様」と呼び、今も命日には祭りを執り行っているという。ちなみに、渋川東光院の『回向簿《えこうぼ》』には、次のような記録がみられる。

天正六年七月十五日　松岳院殿壽窓祐椿大姉　井伊十五代直盛公妻
新野左馬介（ママ）妹

天文十九年正月廿五日　浄心院殿繁岳妙隆大姉　井伊直盛公母

天正十年八月廿六日　妙雲院殿月舩祐圓大姉　井伊十五代直盛公息女

二郎《ママ》法師云

上の年月日は没年を示し、真ん中が戒名、一番下に、生前の彼女らの立場が明記されている。祐椿尼、浄心院、次郎法師――この三名が並べられた意味は何だろうか。これは、明らかに、井伊家の惣領である井伊直盛とそのゆかりの女性たちをまとめたものということがわかる。もちろん、これも後世に書かれた記録であるが、この三名が並んで書かれている点が興味深い。浄心院は、もともと伊平氏の出であり、夫・直宗亡き後、久留女木で暮らしたという伝承が古くから地元にのこっている。彼女は、天文十九年（一五五〇）まで存命であったから、直虎の記憶のなかにもきっと残っていたであろう。

久留女木の棚田（浜松市北区引佐町東久留女木）

　このように、少なくとも直虎の祖父母の代まで、井伊家は引佐の山間部に基盤をもっていた。引佐地方の北部は、井伊谷の平野部とは違い、山深い地帯が連綿と続いている。遠江井伊氏は、この山のどこかに、転々と拠点を移しつつ生活していたのであろう。なんとも漠然とした認識である。しかし、これこそが、遠江井伊氏の性格を逆説的に決定づけている最大の特徴ともいえよう。それは本書の後半部で、明らかにしたい。

いずれにせよ、直虎が幼少期、この雄大な自然に囲まれて過ごしたことは、確実であろう。もちろん、井伊谷川付近（とくに花平や井伊谷城）でも遊んだであろうが、その場合もやはり遊びの中心は、森のなかであった（当時は、井伊谷も今よりはるかに緑が豊かであった）。その意味で、彼女もまた、ほかの遠江井伊氏と同じく山で生きた人であった。

『井伊直平公一代記』が語る今川家との関係

では、直虎はどのような幼少期を過ごしたのだろうか。じつは、幼いころの直虎の様子を直接に物語る史料は、由緒書や伝記、言い伝えも含めていっさい存在しない。一つだけ、記録のなかにみえるのは、彼女が井伊直親の許嫁となったということである（しかし、これ自体も最近、先述の野田氏によって批判されている）。よって、その半生は想像に任せるほかないが、この地域を専門として歴史研究を続けてきた私としては、そうも言っていられない。まずは、井伊家の当時の様子から、彼女が置かれていた立場を推論していくことにしたい。
十六世紀前半、井伊一族は、井伊直平を中心に今川義元のもとで勢力を張っていた。このとき直平は、引馬城主であったという。引馬城というのは、のちの浜松城にもつながる遠州の重要拠点であった。この城を任されたとすれば、今川氏からの信任はかなりあつかったといえるだろう。このあたりの諸々の事情について、『井伊直平公一代記』は、次のように説明している（読み下しは筆者）。

廿五　直平従五位下
井伊修理亮《しゅりのすけ》後信濃守《しなののかみ》、又遠江守と号す。大織冠《たいしょつかん》二十五代後胤なり。井伊直氏の子息なり。永正《えいしょう》元年家督相続の後、同二乙丑《いっちゅう》年遠州引馬（今の浜松と云う）、要害ゆえにかの城にて在城す。同年三州宇根の城を今川上総之助《かずさのすけ》義元公より預け置き給うゆえ、城代として井伊武蔵《むさし》守を置給う。大永の頃、北條家、三州へ発向につき、遠州境へ直平出張対陣す。味方弐万余騎討ち死せしゆえ、直平より小野豊前《ぶぜん》守・田中飛騨《ひだ》守両使を以て、駿州義元公へ加勢を頼みければ、加勢は安き事、さりながら、質（※人質）を給われと有りければ、すなわち、孫子井伊遠江太郎を駿府へ遣わされ候ゆえ、今川より加勢給り勝利を得て、敵を追散らし帰陣す。駿府へ下向、すなわち遠江太郎駿府にて元服させ義元公烏帽子《えぼしご》子に成され、井伊内匠助《たくみのすけ》直盛と改め其上縁組のこと仰せ談じられ、義元公の孫子娘と縁組成さる。孫娘は今川一騎新野左馬介《(ママ)》息女なり。

これによれば、井伊直平は、井伊直氏の子息であり、「修理亮」「信濃守」「遠江守」などと名乗った。永正元年（一五〇四）に井伊家の家督を相続し、その翌年引馬城主となった。その後は、今川義元と結託して、勢力を維持した。孫の井伊遠江太郎（井伊直盛）を駿府へ遣わし、今川義元の「烏帽子子」とし、義元の孫娘と縁組させたという。総じて、今川氏と井伊直平との深いつながりを示した記録となっている。

この『井伊直平公一代記』は、諸記録と一致しないところが多く、一般に流布している説とは異なる部分もある（たとえば、十六世紀初頭から井伊氏が今川氏に与していることなど）。よって、史料批判をしつつ読み進める必要があるが、注目すべき記述も多い。これによれば、直平は永禄《えいろく》六年（一五六三）九月十八日、七十五歳で亡くなったとある。

その性格から判断するに、この書物も、地元の言い伝えをもとに関係する書物を考証して叙述したものであると思われるが、後で説明する『井伊家伝記』の影響を受けていないことは明らかである。成立年代は不明であるが、遠江井伊氏の別の側面を描いたものとして注目される。

一般的に、井伊直平の頃の井伊氏は、斯波・今川両氏の抗争のなかで斯波氏側について敗北していったと考えられている時期である。しかし、井伊直平が引馬城主をつとめたとすれば、この時期の井伊氏の勢力が遠江国の広い範囲にわたっていたことになり、今川氏によってその力が認められていたことになる。というよりも、井伊氏のなかに、今川氏へと従ったグループと、斯波氏に従ったグループがいた可能性も浮上してくる。

井伊直平寄進状から読み解く井伊家の立場

ちなみに、井伊直平は、永正《えいしょう》四年（一五〇七）九月、龍潭寺に次のような寄進状を出している。重要な史料なので、これはそのまま掲載したい。

当寺者、元祖共保《ともやす》公出生之霊地故、井伊家之氏寺 幷《ならびに》 菩提所也、因此至于今住持生湯幷生粥之吉例執行、右之由緒故、出生之井之井領三反令寄附者也、委細ハ小野兵庫助可申渡者也、

永正四年丁卯九月十五日

井伊信濃守
直平（花押）

竜泰寺江

井伊共保出生の井戸（浜松市北区引佐町井伊谷）

この史料の内容は、〝龍潭寺（当時は「龍泰寺」といった）に、井領田を寄進する〟というごくごくありふれた、単純なものである。しかし、このなかには、多くの重要なエッセンスがちりばめられていることに注目してもらいたい。つまり、井伊家の象徴でもある井戸のことからはじまり、龍潭寺の立ち位置、それから住持《じゅうじ》による吉例儀礼など、後の井伊氏と龍潭寺にとって重要となる要素がここで明示されている。そして、最後に「委細は小野兵庫助申し渡すべきものなり」というのも、家老としての小野氏の立場をはっきりと示している。

ここで、私たちがとくに注目しなければならないのは、「元祖共保公出生之霊地故」という文言である。「元祖共保」というのは、井伊家の祖とされる共保のことである（共保については、後述する）。すなわち、井伊直平によって「井伊家之氏寺」「菩提所」として龍潭寺が規定されていると同時に、共保が出生したという井戸が「霊地」とされている。

この寄進状は、単に、井伊直平が、井戸とその周囲の田地を龍潭寺に寄進した、という意味にとどまらない。この寄進状を発給することによって、直平は、〝井伊一族の惣領筋にあたるのは自分だ〟、と誇示しようとしたのであろう（家督を相続してまだ三年しか経っていない時期であった）。

ちなみに、この史料は紙質などから判断して写しの可能性も考えられるが、古くから龍潭寺に伝わってきた文書であることはまちがいなく（少なくとも正徳《しょうとく》年間〈一七一一～一六〉にはすでにあった）、それなりに信頼が置けるものである。この寄進状が発給された永正四年というのは、『井伊直平公一代記』が示しているように、井伊一族が今川氏の傘下に入っていく時期でもある。そのなかにおいて井伊直平が、「氏寺」「菩提所」である龍潭寺を結節点として、一族を結集させたことの意味は大きい。この背景には、一族のなかで、今川氏に対して反発する一派もあったと考えるのが自然であろう。

井伊直平の子は、少なくとも五名いた。直宗、直満、直義、直元《なおもと》、そして南渓《なんけい》和尚（養子の可能性もある）である。この五名の子どもたちのあいだにも、意見の相違があったであろう。井伊氏は、江戸時代に大老家として名門となったために、系図や家伝の編纂がさかんに行われた。遠江井伊氏の事績は、このときずいぶんと書きかえられてしまい、一族が

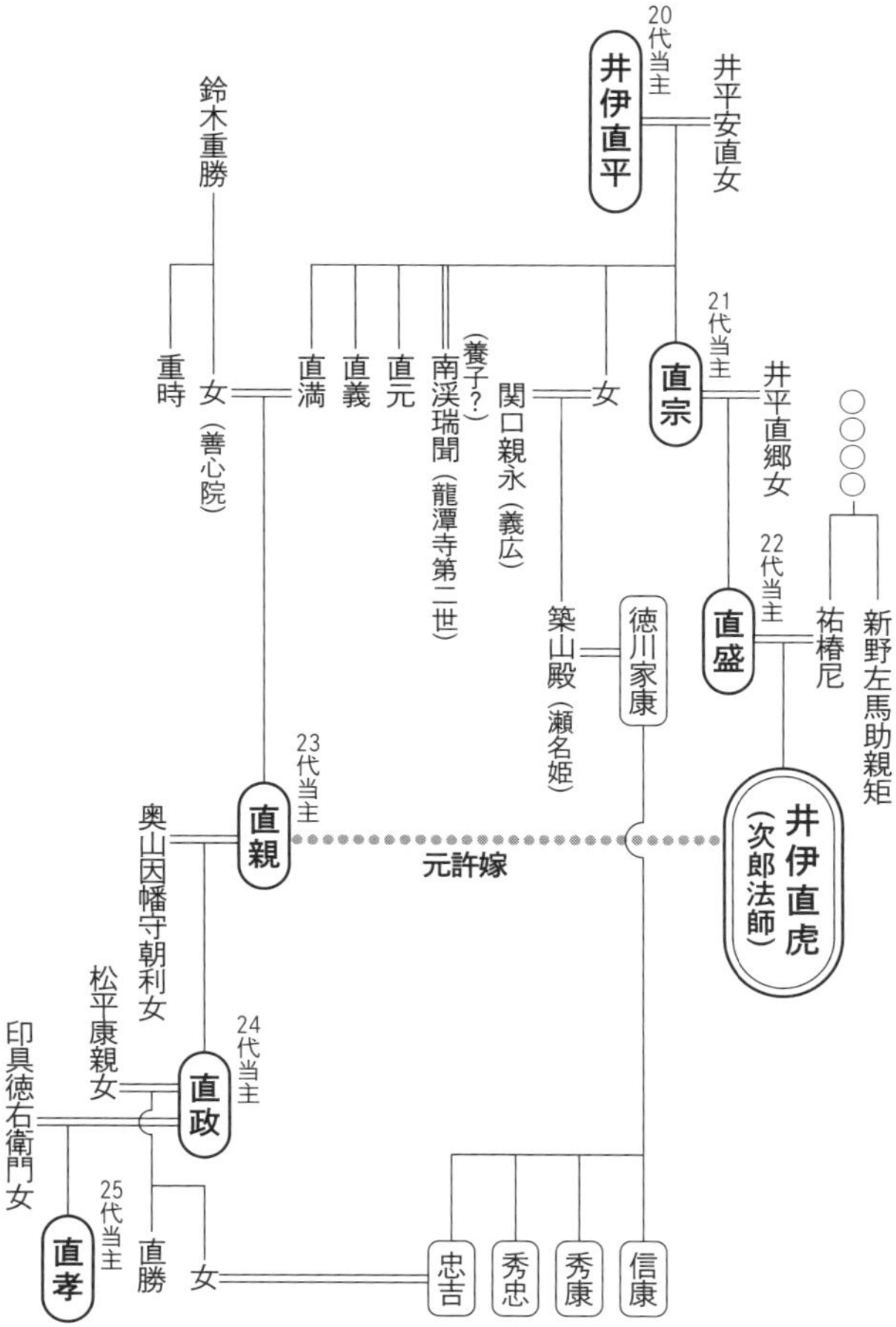

20代当主
井伊直平
井平安直女
鈴木重勝
21代当主
直宗
井平直郷女
女
関口親永（義広）
養子?
南渓瑞聞（龍潭寺第二世）
直元
直義
直満
女（善心院）
重時
○○○○
22代当主
直盛
祐椿尼
新野左馬助親矩
徳川家康
築山殿（瀬名姫）
井伊直虎（次郎法師）
元許嫁
23代当主
直親
奥山因幡守朝利女
24代当主
直政
松平康親女
印具徳右衛門女
25代当主
直孝
直勝
女
信康
秀康
秀忠
忠吉

井伊直虎関係系図

まるで、ずっと一致団結していたかのようにみえてしまう。しかし、井伊氏とほぼ同等レヴェルの当時の周りの「国衆」たちの様子をみても、井伊氏のみが一族結集していたとは到底考えられない。井伊氏の一族内部に相当なわだかまりがあったことはまちがいないと思われる。断言はできないまでも、惣領の直宗・直盛と、傍系になる弟筋の直満・直義のあいだには、対今川戦略において、何らかの対立があったのではないか。

一族の対立を避けるための政略結婚

このような事情を考えてみれば、直盛の子・直虎と直満の子・直親が許嫁であったというのは、わりと自然なことかもしれない。一族の無用な対立を避けるための合理的な政略結婚であったと考えられる。直虎と直親の運命は、その幼少期から波乱に満ちていたのである。それは、一般的には、今川氏との関係から説明されることが多いが、実際には井伊氏内部に深刻な対立があったと考える方が、よほど合点がいく。

ここで、この時期の井伊家の縁組事情について確認しておこう。龍潭寺閑栖《かんせい》の武藤全裕師が丹念に明らかにされたことであるが、遠江井伊氏の一つの特徴として、奥遠江・奥三河近辺の土豪たちと積極的に縁戚関係を結んでいることが挙げられる。とくに、近隣の有力一族である奥山氏との縁戚関係を重視していたことがわかる。奥山氏は、井伊氏の被官

遠江井伊氏の記録――『井伊家伝記』の意味

奥山方広寺（浜松市北区引佐町奥山）

であったと考えられているが、後醍醐天皇の皇子無文元選《むもんげんせん》を開基とする奥山方広寺《ほうこうじ》の大檀那であることから、古くから相当な勢力を誇っていたと思われる。

井伊氏は、奥山氏の協力なしに、引佐地方の支配を円滑に進めることはできなかったのであろう。

ちなみに井伊氏は、奥山氏のほかにも、伊平氏など引佐地方の有力一族との縁組が目立つ。その点からすると、井伊直盛と新野親矩妹との縁組は、地縁のネットワークを重視してきた井伊氏にとって異例であった。

もちろん、ここに今川氏の意向が介在した可能性も否定はできないが、むしろこの縁組は、井伊直平の活動が、遠江一国全体にわたるなかで生じた結果であったと考えられる。

ところで、本書冒頭でも述べたように、直虎を含めて遠江井伊氏の足跡を示す同時代の史料はほとんど存在しない。南北朝期から在地で活躍していた井伊氏クラスの有力一族（しかも子孫が続いている）の史料がまったく残っていないのは、むしろ不自然であろう。通常、このクラスの一族の場合、大寺院などに何らかの足跡を残していることが多いが、井伊氏は、いつも語られる側であった。

しかしそれなのに、辛うじて、遠江井伊氏の歩みが今日まで伝わり、大河ドラマにまで成り上がった背景には、『井伊家伝記』という記録の存在がある。これはその名の通り、井伊家の伝記であるが、とくに遠江井伊氏の事績が克明に描かれている点に特徴がある。『井伊家伝記』の筆者は、享保《きょうほう》年間（一七一六〜三六）に井伊谷龍潭寺住職だった祖山《そざん》和尚である（この祖山和尚については、拙著『近世の地方寺院と地域社会』〈同成社、二〇一五年〉を参照）。

この本は、脚色や事実誤認も多くみられるが、物語としての完成度はきわめて高いと思われる。遠江井伊氏の事績を調査してまとめた、ほとんど唯一の本といってもよいだろう。書かれた経緯については、彦根藩からの依頼ということになっているが、執筆の過程で、当時（十八世紀前半）広まっていた引佐地方のさまざまな伝承を取り入れている点が注目される。

ちなみに、『井伊家伝記』が享保年間に書かれた理由はいくつかあるが、この時期、渋川村（現在の浜松市北区にあった村）などで井伊直親にまつわる祭礼が執り行われるようになっていることに注目したい。これは、村の飢饉《ききん》に対する厄払いの目的で行われたようであるが、このなかで、井伊直親の伝説が強調されるようになっていった。こうした地域の状況が、『井伊家伝記』にも何らかの影響を与えたことが推察される。

戦国期から百数十年が経ってから、地元に井伊家の由緒ブームが起きた。これを不思議に思う方もいらっしゃるかもしれない。しかし、これはわりとふつうのことである。一般的に考えて、百年経つということは、それを見聞きし経験し、記憶をもつ人間が、この世からいなくなるということである。そうすると、人は、過去を忘却しないように記録しようとしはじめる。このときになって、ようやく歴史が人びとの関心の的になってくるのである。

『井伊家伝記』は、地元のこうした動きのなかで成立してきたものであろう。それは、この本を読むときに、じゅうぶんな史料批判が必要だということを意味しているが、その一方で、ここに記されている情報は、あくまで享保年間に、地元出身の人物によって書かれたものであるということも忘れてはならない。享保年間は、まだ戦国から百数十年しか経っていない時期である。この頃に、地元で信じられていた井伊家にまつわる伝説のなかには、無視できないものもあるのではないだろうか。もしかすると、書き手の祖父母の代は、それを直接見聞きしたかもしれない。そうすると、まったく無視することはできなくなるだろう。およそ、史料を目の前にしたとき、現在の価値観や合理的観念を前面に出した分析は、厳に慎まなくてはならない。言い伝えが成立してくるには、何らかの理由や背景があると考えるべきであろう。

かなり、まわりくどい言い方をしたが、結論として、現在さまざまなかたちで議論されている歴史書『井伊家伝記』について、私は、おおよそ信頼できるのではないか、という実感をもっている。もちろん、批判的な視点をもって、この『井伊家伝記』をみていく必要はあるが、本書ではあくまでこの『井伊家伝記』の記事に沿いつつ話を進めていくことにしたい。

井戸から生まれた井伊家の元祖

さて、遠江井伊氏の歴史を描いた『井伊家伝記』は、井伊氏のはじまりをどのように描いているのだろうか。

冒頭部分を読んでみることにしよう。

大織冠十二代の後胤、備中守《びっちゅうのかみ》共資《ともすけ》公は公家にて人皇六十六代一条院正暦《しょうりゃく》年中に綸《りん》命《めい》を蒙りて初めて遠州村櫛《むらくし》の郷（井伊保《いいのほ》より三里西南の海辺）に下って居住す。遠江国中を巡検して、毎年禁中《きんちゅう》へ物成《ものなり》を運上す。数年の後、遠州一国を預りて村櫛の江に居城（城地の旧跡今に之有り。城山と名《な》づく）共資公村櫛にて女子をもうけて男子なし。常に男子を授け給えと仏神に朝夕に御祈願懈《おこた》らざる也。

まず、事の始まりは、藤原鎌足の後胤である藤原共資が、正暦年中、国司として村櫛郷（浜松市西区村櫛）に派遣された。村櫛の居城は、その昔、志津城と呼ばれたものである。藤原共資には跡継ぎがなく、男子が生まれるようにいつも神仏に祈っていたという。一方、そのころ、遠江国井伊保の八幡宮の御手洗《みたらし》の井からある少年が出生した。八幡宮の神主はこの子に産湯をかけ、養育した。この子こそ、井伊共保と呼ばれる井伊氏の元祖であるという。井伊共保の幼少期から成人するまでの過程について、『井伊家伝記』は、次のように記している。

井伊元祖共保公七歳の時、領主備中守共資公、すなわち、八幡宮御手洗井より誕生の奇瑞《きずい》を御聞及び、すなわち、御養子に成され候。共保公御元服、共資公実の息女を御祝言婚儀相調い、御家督御相続の上、遠江国一国を御預り支配成され候ゆえ、すなわち、嫡子共家公、すなわち、遠江守に任ぜられ候。

この記述から、井伊氏の元祖である井伊共保は、井戸から誕生した人物であり、その後は、国司藤原共資の「養子」となったことがわかる。具体的には、国司である藤原共資の娘と縁組し、「家督」を相続した。そして、井伊共保は、遠江国一国を支配することになったというのである。

山中で育った在庁官人

もちろん、井中から人が出生することはないから、やはり、『井伊家伝記』は、「信頼できないのではないか」との意見も当然出てくるだろう。この作者もこういう意見が出てくると思っていたようで、「評曰」と題して次のように補っている。

共保公、井中出誕は奇怪非常のことゆえ、後世、由来考えず懸惑の輩議論多端なり。あるいは云わく、備中守共資公、井伊保八幡宮神の社参の節、嬰児井辺にこれあるを養育とも云う。あるいはまた、共資公遠州に謫《たく》され、一子を設けて八幡宮社参の節、井辺に捨て置き介抱養育とも云う。是等数多の説、井伊谷八幡宮境地を見ず、由緒を知らざる不覚の輩、ただ共保公井中出誕不思議とばかり思うゆえ、色々と評判これあることなり。先の共資公在城の地「村櫛」と云う所は、井伊谷を隔つ事三里あまりこれある上は、実子を捨て申し候道理これなきことなり。井中出誕の事は八幡の神霊、井中化現の奇瑞に疑う事これなし。その証拠は、共保公出誕の後、井伊保山中の民家に七歳までは御成長なされ候を、村櫛在城の領主備中守共資公、井中出誕の奇瑞のこと御聞およびなされ候て、七歳の節、養子になされ候ことは、井中出誕奇瑞、引佐郡中に蔵《かく》れこれなきゆえ、養子になされ候ことなり。

すなわち、井伊共保が井戸から出生したというのは、あまりに「奇怪非常」なことだから、由来を知らない人びとのなかには疑う者も出てくるだろう。しかし、藤原共資が城主をしていた「村櫛」という場所は、井伊谷から三里（一里は約三・九キロメートル）余りも離れているところである。井戸から生まれたという「奇瑞」があったからこそ、養子としたとしか考えられないと述べている。

この記事を慎重に精査していくと、井伊共保が、古くから地方に基盤をもち成長してきた郡司《ぐんじ》に類する在庁官人《ざいちょうかんじん》の家柄であった可能性がみえてくる。つまり、国司が地方政治を担当する際、かなりの部分の実務を地元出身の在庁官人に任せる場合が多かったが、とくに遠江国のなかでも支配の難しかった引佐地方の支配を、郡司である有力一族に分担した。これが井伊共保であったと考えるのが最も自然であろう。この話は、そうした事情を脚色して創られたものとも考えられる。

だが、最も重要なのは、井伊共保が、「井伊保山中」の「民家」にその出自を求めることができる、ということである。祖山の説では、井戸で出生した共保は、八幡宮神主のところで養われたことになるが、ここでは「山中の民家」となっている。当然、井戸から出生することはありえないから、共保は、「井伊保山中」で生まれ育ったと考えるのが自然ではないか。井伊氏のルーツは、井伊谷とその背景にある山のなかにあったと考えることは、それほど不自然ではない。

直虎は井伊家のルーツを知っていたか

さて、直虎の話に戻ろう。彼女は、遠江の豪族井伊氏の末裔としてこの世に生を受けて成長していくことになった。ここで一つ彼女の思想について考えてみよう。はたして直虎は、先にみたような井伊氏の由緒について自覚的であったのだろうか。

これを直接教えてくれる史料はもちろん残っていない。しかし、直虎の曾祖父である直平が、共保出生のことを文書に記しているため、おそらくは、彼女もこの井伊家の由緒を知っていたであろう（それは、あとでみる龍潭寺に所蔵されている「次郎法師寄進状」からも間接的に明らかとなる）。直平は、先ほどの『井伊直平公一代記』によれば、永禄六年（一五六三）までは存命とあるので、直虎とも話す機会は何度もあっただろう。直平は、井伊氏の歴史を語り一族の求心力を維持しようと努めていたと考えられるため、もしかすると、直虎も嫌になるほどこの井伊家のルーツについて聞かされていたかもしれない。さて、以下、『井伊家伝記』を参照しつつ、遠江井伊氏の歴史を追っていこう。

大名権力今川氏の存在価値

十五世紀後半から十六世紀の初頭にかけて、遠江国は遠江守護職をめぐる斯波氏と今川氏の激しい抗争期であったという。三管領《さんかんれい》として室町幕府の中核を担う斯波氏と、将軍一門である今川氏との対立は、熾烈《しれつ》をきわめた。この戦いのなかで、斯波氏に味方した井伊氏は、今川氏による執拗な攻撃を受け、井伊城は落城した。一時期、大打撃を受けた井伊氏であったが、天文年間になると、井伊直平のもとで、井伊領の支配も比較的安定したものになっていたと普通は考えられている。そしてこの時期、今川氏のもとで井伊氏はその独立性を失い、何度も苦汁をのまされることになったといわれる。

このように、井伊氏を中心に歴史をみていくと、今川氏はいつも敵役にされる。しかし、井伊氏にとっても、今川氏の権威に頼らざるをえない側面はあった。その点に留意しつつ、以下で、今川氏と井伊氏の関係をみていくことにする。

一般的な話をしておこう。自分たちよりも上位の権力があるということは、一面でメリットもある。たとえば、一族の内部に分裂が生じた場合、それを調停してくれる権力がある、というのはいいことでもある。在地の有力者たちのことを、「国衆」というが、実際、今川氏の権威によって、遠江の国衆一族が平穏を保てていたことも事実である。なぜなら、今川氏の存在は、対立の抑止力にもなるし、また、いざ争いになったときには、重要な仲介役ともなる。遠江の国衆にとっては、今川氏と結びつくことによってステータスを得て、一族をまとめあげることができた。すなわち、一族をまとめる「正統性」を手にできたのではないか。

これは、逆にいうと、新たな戦いの連鎖を生む可能性も秘めている。つまり、一族のなかに、今川氏と結びつくことができた一派と、それができない一派が生まれることがしばしばあった。両者は激しく対立するが、背景に強大な軍事力をもつことは一定程度の抑止力にはなったであろう。極端なことをいえば、国衆たちの一族の内部分裂をいかに回避していくかが、守護大名（戦国大名）権力たる今川氏の存在価値でもあったのである。

「今川の時代」と井伊谷周辺の社会――「都市化」の流れ

しかし、こうした在地に基盤をもつ国衆たちと、今川氏の権力基盤の性質は、まったく違うたぐいのものであった。今川氏は、その出自が室町幕府の足利一門であることから明らかなように、典型的な「都市民」であり、つねに京都への志向性を強く有している。遠江や駿河は、今川氏とその一派にとっては、辺境であり、ましてや井伊氏の支配する引佐地方や奥三河の山間地帯は、今川氏にとっては、魑魅魍魎《ちみもうりょう》の住まう「異界」そのものであった。

今川氏の惣領として勢力を張った戦国大名今川義元は、こうした「異界」や無所有地に自ら積極的に介入していこうとはしなかった。その強大な軍事力を背景とすれば、代官を派遣したり、あるいは地元の土豪などを積極的に使役したりして、大規模な開発を試みることも可能であっただろう。しかし、今川義元は、その点では、消極的であったといわざるをえない。たしかに、今川氏は、分国法《ぶんこくほう》の整備など先見的な政策もみられる。しかし、所詮は内向きの姿勢に終始していたと考えることも可能である。

こうした今川氏の基本的な態度を最もよくあらわしている言葉が、寺院に向けた発給文書のなかでみられる「無縁所《むえんじょ》」という言葉である。「無縁」という言葉などが示す世界については後でも検討するが、明らかに、「関与しない！」という今川氏の意志が込められている。そのなかには、寺に自治権（検断権）を認めるような内容のものもあった。

義元が遠江山間部の関与に消極的であった一方でこの時期、民間社会のなかで、さまざまな開発が進行していたとみられる。とくに、寺院の建立が相次ぎ、これを担った職人たちの活躍が目立つようになった。流通も活性化し、市場も形成される。やがて、貨幣経済が浸透してくると、富裕層が生まれる。そうすると、古くから利権を持つ人びとと、新興商人たちの対立も生まれる。その一方では、惣村《そうそん》が、結束力を徐々に高めてくる。こうした民衆の動きを横目にして、井伊直虎も育ってきたのである。

このように、直虎の幼少期は、急進的ではないものの、社会が少しずつ「都市化」していく時代であった。とくに、井伊谷川や都田川の流域には、都市とはいえないまでもきわめてそれに近い「都市的な場」が形成されつつあった。直虎のように、有力豪族井伊氏の姫ともなると、こうした時代の空気を肌で感じていたことだろう。先ほども述べたように、彼女は山のなかでの生活をベースにしていたと考えられる。たしかにそれはそうであるが、一方でそれでいて完全に閉ざされた世界にいたわけでもなかった。田舎のなかにありながら、どこからともなく漂ってくる「都市の空気」を吸いながら、彼女は成長していったのである。

拮抗する二大勢力——今川氏と武田氏

さて、ここで視野をやや広げ、当時の政治状況を簡単に確認しておきたい。遠江国は、有力な戦国大名がしのぎを削った「境目《さかいめ》」である。今川義元・武田信玄・徳川家康など、現在でも知られている有力な戦国大名たちが活躍した歴史の舞台である。

当時、今川義元は、武田家の動きを警戒していた。とくに、武田信虎《のぶとら》が長男の晴信《はるのぶ》（信玄）によって駿府《すんぷ》に追放されると、その緊張関係は高まりをみせた。武田晴信は、南下政策を推進していたため、伊那から遠江、井伊谷へと侵攻してくる危機感を義元はつねにもっていた。このことは、万石村の百姓六郎左衛門に宛てた天文十六年（一五四七）七月二十一日の文書（「澤木文書」）からも知られる。この史料の信憑性の問題はひとまずおくとして、ここから、「井伊谷」が、武田氏領国の最前線にあったことがわかる。「万石（國）」というのは、現在の浜松市東区万斛《まんごく》地区のことを指しており、そこの百姓六郎左衛門の屋敷が「先年井伊谷押の地利」として利用されたことがわかる。今川氏にとっては、いつ信濃・甲斐の武田軍が山をおりて、今川領に侵攻してくるか、気が気でなかった。また、後北条氏の動向も、悩みの種であったであろう。そのなかで、井伊氏は信頼できる一族かどうか、今川氏はつねに疑っていたと考えられる。

こうした状況のなかで、ある事件が起きた。それは、井伊家の惣領直宗が、三河田原城の戦いで戦死するというものだ。先ほども述べたように、井伊家には、直宗の子直盛がいたが、直宗の兄弟直満・直義もまだ現役であった（直元もまだ存命であるが、天文十五年前後に死去している）。かつ、惣領筋となる直盛には、まだ、一人娘しかいなかったわけであるから、跡継ぎ問題が起きてもまったくおかしくない状況にあった。

そして、このことは、井伊氏だけではなく、今川義元にとっても不安要素の一つであった。惣領の死が、その一族の内部に大きな対立を引き起こすことは、一般的な特徴である。その混乱が、敵勢力に付け入るスキを与えるのは、誰が見ても明らかである。だいたい今川家も跡継ぎ問題をめぐって厳しい戦いを強いられた経験をもっている。今川義元としては、何とかこれを切り抜けなくてはならなかった。そのことが、以下でみていくような、井伊家の悲劇につながったと考えられる。

井伊直満・直義誅殺事件

天文十三年（一五四四）は、井伊氏にとってきわめて重要な年になった。まずこの年、『東国紀行』の作者である連歌師宗牧《そうぼく》が、井伊氏のもとを訪れている。同書は、当時の井伊氏の実態を知るほとんど唯一の同時代史料である。そのまま掲載しよう。

井伊次郎殿へハ孝順知人にて、昨日申つかハしたり、このわたりまてむかひくるらんなと申もあへす、深山をこえて、侍の四五人、井伊殿同名彦三郎迎とてさきへ案内あり、いそき行ほとに、かた岡かけたる小城あり、これも井伊一家の人、今日谷まて下着あひさためたれは、抑留にをよはすとて、使僧して樽さかなをくらる、馬上盞の体なり、初夜の過に和泉守所へ落着たり、次郎殿やかて光儀、明日一座の懇望、又、

太山にもやとやさくらの雪の庭

かゝる山中にて、執心大切なるこゝろをいさゝか風したるはかりなり、十四日、引間まていそきはへり、次郎殿自身、其外同名中、都田といふ所まて送ゆく、又さかつき、かりそめのやとりにて、帰京の次、又かならすなとあれハ、

帰りこむ秋をまたなん都田のあせの細水（※ミチか）ゆき別るとも

といひつゝゆき別れたり、

（『静岡県史』資料編7中世三―一七一六号、傍線引用者）

ここでは「深山」、「かゝる山中」などという言葉がみえ、井伊領がいかに奥地にあったかが読み取れる。また、宗牧は、井伊氏の館ではなく、小野和泉守の屋敷に通されていることがわかる（傍線部）。先ほども述べたように、遠江井伊氏が自ら記した記録は、ほとん

ど残されていない。よって、当代の「文化人」がのこした、こうした記録は、井伊氏の足跡を伝える数少ない記録として見逃すことができない。宗牧は、都田周辺まで見送られて、そのまま井伊領を辞しているが、この数日後、今川氏と井伊氏との間で大きなトラブルが生じることになった。謀反を疑われた井伊直満・直義兄弟が、今川義元によって駿府に呼び出され処刑される事件が起きたのである。

　この事件の過程は、ナゾに包まれているが、まずは『井伊家伝記』によって、その概況を押さえておこう。

> 天文十年辛丑の頃より甲州武田信玄差図を以て、甲州の家人しばしば東北遠江境井伊家の領地段々押領申し候。これにより彦次郎直満、平次郎直義両人、すなわち、信濃守直平公の下辞にて信玄の家頼と相挑み候内支度致され候を、直盛公の家老小野和泉守、亀之丞《かめのじょう》（井伊彦次郎直満の実子、井伊肥後守直親の童名、井伊侍従直政公実父なり）養子の儀につき遺恨ゆえ、密かに駿府へ罷り下り候。今川義元へ、両人私の軍謀相企つの旨讒言《ざんげん》いたし候。これにより早々召状到来す。すなわち、直満・直義両人共に駿府へ下向、終《つい》には天文十三甲辰十二月二十三日に傷害に候。その後に彦次郎屋敷ならびに山林残らず龍潭寺末寺円通寺に寄附す。

天文十年（一五四一）頃、武田信玄が井伊家の領地へと侵入を開始した。これに備えるため、直満・直義兄弟は、直平の指示に従い「支度」していた。かねてから亀之丞の養子の件に対して「遺恨」をもっていた小野和泉守は、この動きを謀反の疑いありと今川義元へ報告。これによって、直満と直義は駿府へと下向を命じられ、天文十三年十二月二十三日、両人は処刑されたという。

小野和泉守は事件の黒幕か？

『井伊家伝記』が述べるように、この事件の黒幕には、家老の小野和泉守がいたという。とくにこの『井伊家伝記』では、一貫して小野氏が悪役として描かれているため、その説はかなり人口に膾炙《かいしゃ》している。つまり、小野和泉守の「私怨」がこの事件の真相であるという解釈である。これは、江戸時代の引佐地方では広く知られていたようで、渋川寺野の江戸時代の古文書のなかでも、この説が展開されている。

しかしながら、小野氏＝悪玉説は、多くの矛盾をはらんでいるように思えてならない。小野氏は、井伊氏の「家老」という立場でありながら、その一方で今川氏との間を取り持つ「取次」としての役割を担っていた（ちなみに、中世の棟札《むなふだ》のなかで、小野氏は「家老」ではなく「代官」とされている）。つまり、今川領国のなかで比較的自立性が高い豪族であった井伊氏の目付役であったと考えられている。

ちなみに、小野氏の出自については諸説があるが、細江町小野周辺を拠点にしていた豪族とみられる（浜北区にも「尾野」という地名があり、小野氏との関連が推測されるが、どちらも、交通の要衝であることは変わりない）。井伊領のなかで流通網を掌握した、井伊氏の家臣団のなかでも珍しい、都市に近い家臣であった。井伊家臣団のなかで、今川氏と連絡をとれたのは小野氏だけだったと思われるため、一連の事件を小野氏の陰謀だと考えるとわかりやすい。しかし、一介の在地有力者である小野氏の言い分を、今川氏がまったく疑わず信じ込んだとは考えにくいだろう。また、井伊直平や直盛がこれに関与していないことも気になるところである。直満や直義を擁護できなかったのだろうか。なぜ、直満・直義兄弟だけが駿府へと下向したのだろうか。

この事件が成立するには、二つの要素が必要である。一つは、今川氏の家中で、井伊氏を擁護する有力者が存在しなかったこと。もし、井伊氏と親密な有力者が駿府にいたならば、何らかの仲裁をおこなったはずである。この事件ではその形跡がみられない。井伊氏の存在が、いかに、今川氏の中央幹部から浮いたものであったかがわかる。

もう一つの要素は、井伊氏内部において対立構図があったことである。先ほども述べたように、客観的に状況をみれば、井伊直宗の惣領の一族と、直満や直義の一族との関係は微妙であったと考えられる。家臣たちもどちら側につくかで分かれていたであろう。こうした対立を井伊直平が抑えきれなくなった末に、この事件が起きたと考えると納得がいく。先述したように、井伊直宗は今川氏に従い三河で戦死している。おそらくこのとき、井伊直宗に追随して多くの主要な家臣が戦死したことだろう。そのなかで、井伊直満らの勢力が台頭してきたと考えるのが、最も合理的な見解といえるであろう。

つまり、この事件についての今川方の言い分としては、〝一族の対立による混乱を未然に防いであげた！〟——もちろん、井伊領の混乱は、武田に付け入るスキを与えるので、最終的には今川氏のため——ということになるだろう。実際に井伊家の惣領筋直宗・直盛系と、直満・直義・直親系には深刻な対立があった可能性もある。正統な井伊家の家督継承者が自分たちであることを、今川義元に認めてもらうために駿府へと出向いたところを処罰されたというシナリオも想定できる。ちなみに井伊家は、ほんとうのところ武田氏や徳川氏に内応していたのだろうか。はっきりとした記録はみられないが、おそらく、今川方につくか、武田方につくか、家臣のなかで意見が分かれていたと考えられる。あくまで結果からだけ判断すれば、井伊直満・直義は、やはり武田方へ内応していた可能性もあったのだろう。

運命の分岐路――直虎と直親

さて、続いてこうした渦中にあったことを前提に、井伊直親と直虎の立場の違いを考えてみよう。まず、父を殺害された直親の置かれた立場は、きわめて深刻なものである。中世の常識からすれば、嫡子である自分まで非を問われてもおかしくない。即刻に、身の危険を避けて井伊谷から立ち去る必要があったであろう。このとき機転を利かせたのが、今《いま》村藤七郎《むらとうしちろう》という侍であったという。今村藤七郎は、亀之丞（井伊直親の幼名）を「かます」のなかに隠し、東黒田山中まで運んだという。この今村藤七郎に保護されたことにより、亀之丞は一命をとりとめたといわれる。

では、今村藤七郎とは、どのような人物であっただろう。『当寺古記《とうじこき》』（東光院文書）のなかに、次のような文言がみえる。

井伊彦二郎（ママ）直満ノ家老今村藤七郎ハ遠州城東郡人勝間田《かつまた》を名乗系図勝間田なり。舞鶴の紋、遠州にて横地・勝間田は八幡太郎義家《よしいえ》の末裔にて源氏なり。

すなわち、今村藤七郎は、井伊直満の「家老」だというのだ。なるほど、井伊直満の家臣とするならば、その嫡男である亀之丞を助けるのは自然な動きである。しかし、ここで注目すべきなのは、「家老」という表現である。常識的に考えれば、井伊直満の「家老」という文章はおかしい。当時の井伊家の惣領は直宗あるいは直盛であったと考えられるから、井伊直満付きの家老がいたとは考えにくい。だとすれば、この記録は、ただ単にまちがっているのか。

話を整理しておこう。まず、井伊直宗が死去した際、次の家督は誰になるべきか。長子相続だとすれば、井伊直盛が当主ということになる。一方、直平が存命である以上、彼の意志によっては、直宗の弟である直満が井伊家の当主となる道も当然あった。直満を中心とする派閥（今村藤七郎を家老とする）が、井伊家のなかにあったと考えることもできる。しかし、結果は、直満・直義は排除され、直盛が相続していくことになる。この道筋をつけたのは、今川義元にほかならない。

もちろん、井伊直満を中心とする一つの派閥が、井伊家のなかにあったという記録は、井伊家の正史のなかには存在しない。遠江井伊氏は、駿府の今川義元の圧力を受けて、苦しいながら一まとまりになって頑張ってきた一族という一種の「神話」があるからだ。しかし、当時の周りの遠江の国衆たちをみても、この井伊家の「神話」を信じ切ることは到底できない。井伊氏のなかにも、何らかの対立構造があったことは、ほぼまちがいないだろう。もちろん、こうした噂は、江戸時代に常識化した今川氏悪玉説（駿河の今川氏が、三河の松平氏や遠江の井伊氏を蔑《ないがし》ろにしたという考え方）によって消されてしまっているが、井伊直満が一つの独立した勢力を築こうとしていた可能性も否定できない。もっと飛躍した発想をすれば、直満の家老であった今村藤七郎は井伊直親を擁立し、渋川近辺に井伊直盛系とは別のあらたな宗家を樹立しようとしていたとも考えられる。

出家して次郎法師の名を授かる

いずれにせよ、この時期の井伊氏にとって、ほんとうに怖れるべき敵は、戦国大名今川氏ではなかった。ほんとうの脅威はもっと直虎の身近なところにあったのではないかと考えられる。すなわち、井伊氏一族の内部における対立の連鎖を警戒し、亀之丞は信濃へと移されたのであろう。直満が殺害された以上、それに属する一派は、井伊谷にとどまることはできない。そうしたなかで、亀之丞の逃避行は進められた。

一方、直盛の一人娘である直虎はどうか。『井伊家伝記』などによれば、この事件後、直虎は「次郎法師」として、出家したという。次のように説明されている。

井伊信濃守直盛公息女一人これあり。両親御心入には、時節を以て亀之丞を養子になされ、次郎法師と夫婦になさるべく御約束に候所に、亀之丞信州へ落ち行き候ゆえ、御菩提の心深く思し召し、南渓和尚の弟子に御成りなされ、剃髪《ていはつ》なされ候。両親おなげきにて、一度は亀之丞と夫婦になさるべくに様を替え候とて、尼の名をば付け申すまじき旨、南渓和尚へ仰せ渡され候ゆえ、次郎法師は最早出家に成り申し候上は、是非に尼の名付け申したくと、親子の間黙止し難く、備中次郎と申す名は井伊家惣領の名、次郎法師は女にこそあれ、井伊家惣領に生まれ候間、僧俗の名を兼ねて次郎法師とは是非なく、南渓和尚御付けなされ候名なり。

この記録によれば、直虎は、南渓和尚のもとで出家したということになる。もっとも直虎の方では、尼の名を所望したようだが、その身を憐れんだ両親（井伊直盛と祐椿尼）、それから南渓は、直虎に「次郎法師」という名を与えたという。この「次郎法師」という名についての『井伊家伝記』の説明は、わかりやすい。つまり、「次郎法師」の由来は、井伊家の惣領の名である「備中次郎」と、僧侶の名である「法師」とを合わせたものだということう。おそらく、次郎法師という名をもとに、祖山和尚が考えた結論であろうが、とても説得力がある。

しかし、当時はまだ直親も生きているし、一方で直盛に嫡男が生まれる可能性もあったから、わざわざ直虎にこの名を付ける必要はなかったとも考えられる。すなわち、「次郎法師」という名には、別の意味が込められていたのではないか（これについては、第二章で述べる）。いずれにせよ、井伊直満の嫡男亀之丞を出奔させ、井伊直盛の娘を出家させたことによって、喧嘩両成敗のようなかたちで両派痛み分けになった。直満・直義の誅殺《ちゅうさつ》と直親・直虎の処置（?）によって、井伊家の惣領筋直宗―直盛の血筋は確保されることになった。井伊家全体からいえば、求心力はかなり向上したことであろう。

以上のように考えれば、天文十三年の井伊直満・直義の殺害は、井伊家の一族に滞留していた潜在的な不安要素を解消するものであったといえる。しかし、この点については、すでに通説の理解を超えている。なぜこのように考えるべきか、その深い理由については、第二章で述べることにしたい。

さて、直虎は、このときまだ幼かった。九つぐらいの年齢であっただろうが、当時の政治的な文脈が理解できたとは到底思えない。ただ、二人の大叔父が今川家によって殺害されるという事態が、彼女の幼い心に大きな衝撃を与えたにちがいない。それが、今川氏に対する敵意となってあらわれたのか、はたまた別の恐怖であったのか。もちろん定かではないが、直虎の生涯は、この事件を一つのきっかけとして大きく変わっていくのである。

彼女自身、これによって「次郎法師」としての道を歩むことになる。フィアンセであった

井伊直親像（龍潭寺蔵）

直親は、信州での逃亡生活に入る。二人の運命は、ここに大きく分岐することになった。

井伊直親の信州落ち

ここで、のちに井伊家の当主となる亀之丞について、もう少し掘り下げてみよう。先ほども述べたように、亀之丞は、天文四年（一五三五）の生まれだと考えられている。同十三年に起きた井伊直満・直義の誅殺事件のため、わずか九歳にして信州への逃避行を余儀なくされることになったから、その生涯は不憫の連続であった。亀之丞の母である善心院《ぜんしんいん》殿は、天文十年（一五四一）三月十日にすでに死去していた。亀之丞が、六歳のときである。その悲しみもまだ癒えていなかった時期に、父直満が死去したことは、幼い亀之丞の心を深く傷つけたであろう。

なぜ、九歳の亀之丞が信州へと逃げ延びなければならなかったかといえば、亀之丞が直満の嫡子であったことがその大きな要因であった。直満は、今川義元から謀反の罪を問われていたため、その罪が嫡男である亀之丞まで及ぶことは、中世社会においては一般的である。あるいは、先述したように、井伊氏内部の問題としても、将来の跡継ぎ候補である亀之丞を亡きものにしようとたくらむ一派がいたのかもしれない。いずれにせよ、まだ幼い亀之丞にとっては、いわれのない危険が及んでいたことはまちがいない。

しかしながら、井伊直宗・直満・直義を失った井伊氏、一族のなかで、直盛の後継者となるべき男性は、見当たらない。直満・直義の弟に井伊直元という人物がいたが、彼も天文十五年には亡くなる。残るは、井伊直平の子である南渓和尚（直満の兄という）だが、彼はすでに出家し龍潭寺の住職となっていたから、よほどのことがない限りは、後継者とはならない。そもそも、直盛の子どもは、娘の直虎しかいなかったから、後継者問題が浮上することは必至であった。「何としてでも、井伊直平の血を継承する亀之丞を守らなくては！」と思う家臣がいても不思議ではない。その一人が、先ほども登場した今村藤七郎であった。

今村は、亀之丞を「かます」に隠し、東黒田の山へ逃がした。その後、亀之丞は渋川の東光院住職能仲《のうちゅう》和尚の案内により、信州市田の松源寺《しょうげんじ》（長野県下伊那郡高森町）へと移されたという。

この経緯について、『井伊家伝記』は、次のように説明している。

井伊彦次郎直満、同平次郎直義傷害の後、小野和泉守駿州より帰国。直満実子亀之丞を失い申すべき旨、今川義元より下辞の旨申し候故、今村藤七郎（彦次郎家老）かますに入れ候て、隠し負いて井伊谷山中黒田之郷に忍び居り申し候所に、小野和泉守相尋ね申し候故、近所へ隠し申すこと成り難く、南渓和尚（彦次郎肉兄）密に相談にて、今村藤七郎亀之丞を負いて信州伊奈郡市田郷松源寺へ落行き申し候。右松源寺と申す寺は、南渓和尚の師匠・黙宗《もくそう》和尚伝法の寺故、南渓和尚より書状遣し候て、右の寺を便として亀之丞井《ならびに》藤七郎、信州に十二年隠れ居り申され候。其の間、藤七郎付添い居り申し候。十二年の内、年々南渓和尚より使僧遣し、金子等持たせ遣され候。

井伊直満・直義が傷害され、今川氏からの「直満の実子である亀之丞を処刑するように」という命令をもって小野和泉守が駿府から帰国した。今村藤七郎は、亀之丞を「かますに入れ」て、「井伊谷山中黒田之郷」に一時的に匿《かくま》われたという。おそらく、この逸話は、『井伊家伝記』を書いた祖山和尚が、十八世紀前半の引佐地方で伝承されていた何らかの言い伝え（口伝《くでん》）をもとにして書いたものであろう。「黒田之郷中」というのが、具体的にどこを指すのかわからないが、現在の新東名浜松いなさＩＣの近くにある「東黒田」

「西黒田」近辺がそれに該当するだろう。

渋川東光院と能仲和尚

渋川東光院へと匿われた理由も重要である。渋川には、「渋川井伊氏」という有力な一族が存在していたことが、かなり以前から小和田哲男氏によって指摘されている（『引佐町史』上巻などを参照のこと）。たしかに、当地には中世の城郭と思しき遺構もあるし、歴代井伊氏の墓石も残存している。とくに「次郎」と呼ばれる井伊家の当主筋は、もともと、この渋川近辺に勢力を張っていた可能性も指摘できる。そこに、井伊直親が入ってきたとすれば、その政治的な意味はきわめて大きい。

ちなみに、亀之丞を受け入れた渋川東光院の住職能仲和尚についても説明しておこう。渋川東光院に伝わる文書では、能仲和尚のことを次のように説明している。

能仲和尚　天文十八年住山四十二年　当国新野家の産

これによれば、能仲和尚は、東光院第三世であるが、遠江国城東郡新野村の出身だという。天文十八年（一五四九）に東光院の住職になったという。通説だと亀之丞を信州松源寺へと移したのは、能仲和尚であったといわれる。実際、前著『文明・自然・アジール』（同成社、二〇一六年）でもそのように理解したが、これでは時期が合わない（もっとも、この時期、すでに東光院にいた可能性もあるが）。東光院に伝わる記録『当山歴代記』にもとづけば、亀之丞が、東光院へ入ってきたときの東光院住職は、二世の賀嵩祖説和尚であったと考えるのが妥当であろう（天文十八年十一月二十〈念〉日示寂《じじゃく》）。もっといえば、亀之丞は、天文十三年から十八年までは、渋川東光院に隠住しており、その後になって、信州松源寺へと移されたという理解も成立するが（ただし、東光院文書のなかでは天文十四年正月三日夜中に信州へ移ったとある）、いずれも推測の域を出ないので、この問題の検証は、ここでやめておこう。

ちなみに、後の話になるが、永禄七年（一五六四）に新野左馬助が戦死した際、遺髪や騎鞍《のりくら》などゆかりの品は、東光院へと寄贈された。これは、能仲和尚が新野郷出身であったからその縁にもとづくという。

さて、『井伊家伝記』の記事にあるように、小野和泉守は事件後も執拗に亀之丞の捜索を続けたため、やがて亀之丞を井伊谷周辺に隠しておくことができなくなった。南渓和尚との相談によって、今村藤七郎は亀之丞を背負い、松源寺へと落ち行くことになる。信州松源寺へと亀之丞を移したのが、能仲和尚の立案であったかどうかは定かではないが、それにしても、井伊谷から信州へかけての旅路はたいへん厳しいものであったと推察される。秋葉《あきは》街道を通ったのであろうが、そう易々と移動できる道筋ではない。はたして、片道どのくらいの時間を費やしたのだろうか。山賊や野生の獣が跋扈《ばっこ》するエリアであったであろうから、よほど山に熟達した人びとが案内役を担ったと考えられる。これもじつは大きな問題である。第二章で詳しく論じてみることにしたい。

直虎はなぜ出家したのか

さて、直虎についてもみていくことにしよう。先にも触れたように、亀之丞の信州落ちにあわせて、直虎が出家するという事態が生じた。これによって、直虎は「次郎法師」と名乗ることになった。しかし、なぜ、直虎は出家する必要があったのか。よくよく考えてみると不思議である。次の三つの可能性が想定されるだろう。

一つは、井伊直親は、今川氏への体面上、すでに没したことになっていたため、その許嫁であった直虎もやむなく出家したという可能性である。今川方から直満の子である直親殺害の下知があったのかもしれないが、古来後家となった女性が出家して尼僧となる風習は一般的であった。だから、直虎の出家もこれにもとづいたという可能性はある。しかし、亀之丞は成人する前であったため、出家をしなければならなかった理由とは言い難い。

二つめは、先ほど指摘したように、井伊氏内部における無用な争いを事前に回避するため、出家という手段が講じられたのではないか、という可能性である。井伊直宗の戦死によって一族内に不穏な動きがあり、今川義元がそれを仲裁したというストーリーを先ほど述べたが、当然そうなると直虎も安全ではない。だから、無用な争いごとを避けるための一時避難として出家させてしまう、という手法に出たのではないだろうか。また、別の考え方としては、今川家の強制的な婚姻戦略あるいは人質戦略の犠牲になることを避けたという理解もできよう。今川家が、遠江・三河の有力国衆のところから人質を出させていたことは、のちの徳川家康となる竹千代の事例からも知られるところである。井伊家としては、井伊直盛の一人娘を駿府へと移されることを警戒したのであろうか。

もう一つは、まったく反対に、積極的な意味での出家であったという可能性も指摘できる。龍潭寺の南渓和尚は、井伊直平の子であった。井伊氏と龍潭寺の間柄を密接にすることを求めていた。そうしたなかで、直盛の娘である直虎に白羽の矢が立ったのではないか。つまり、南渓の後継として直虎が期待されたのではないか、ということである。この時期、井伊家が宗教（ここでは禅宗）の力を借りて、一族の結集をはかっていたことはまちがいない。井伊一族の結集とその独自性をアピールするために、氏寺の存在は重要であったと考えられる。亀之丞が松源寺に匿われていたというのも、見方を変えれば、単に出家していた可能性もある。

いずれの説も確証はないが、私は、井伊直盛と直満とのあいだで家督相続をめぐって何らかの対立があり、今川義元は直盛を正統として、直満派を排除したのではないかと考えている。この内部対立の渦中にあって、反対派の矛先が井伊直盛の娘である直虎へ向くことを警戒して、出家させることになったのではないか。もっといえば、直盛派は、直満を排除したことに対する報復を恐れて、謹慎の意味も多少込めて自身の唯一の娘である直虎を寺へ入れたのではないか。こうした複雑な事情から、直虎は「次郎法師」とならざるをえなかったと、私は推察しているが、今のところ状況証拠の積み重ねであって論拠となる史料はない。この点についても、第二章で詳しく検証することにしよう。

「次郎法師」の誕生

さて、「次郎法師」という名前であるが、これも不思議な名前である。一体、これは何を意味しているのであろうか。先ほども述べたように、『井伊家伝記』では、「備中次郎と申す名は井伊家惣領の名、次郎法師は女にこそあれ、井伊家惣領に生まれ候間、僧俗の名を兼ねて次郎法師とは是非なく、南渓和尚御付けなされ候名なり」とある。この「次郎法師」というのは、直虎自身がつけたものではなく、南渓が「是非なく」（仕方なく）つけた名だという。

ここでは、「次郎」は、井伊家の惣領をあらわす名であり、「法師」は、僧侶の一般名称であるという。たしかに、歴代井伊家の当主は、「次郎」の名を使っている。すなわち、直虎は、井伊家の惣領の一人娘であり、かつ、出家の身であるから「次郎」「法師」だという論理構成であるが、むしろ、男性の名を称していることに注目する必要があるだろう。南渓和尚も井伊直平の子として龍潭寺に入っているが、直虎はその後任としての役割を求められたと考えてよいだろう。つまり、惣領である井伊直盛の子である直虎が、龍潭寺に入ることは、わりと順当なルートだったのではないか。当時の井伊家にとって、龍潭寺はそれほど重要な寺院であった。それは井伊家の先祖の菩提を弔う寺院であると同時に、広がりつつある井伊一族の結節点としての役割を龍潭寺が担っていたからだと考えられる。

いずれにせよ、直虎は、龍潭寺にて南渓和尚のもとで「次郎法師」と称したことは確実である。前述したように、「直虎」の名前は、地元ではあまり知られておらず、むしろ「次郎法師」という通称で知られていた。江戸時代に書かれた記録のなかでも、彼女は「次郎法師」あるいは「祐円尼」と呼ばれており、「直虎」としているものは一つもない。彼女は、女領主としてよりも、尼僧として知られていたのである。しかし、直虎が龍潭寺どのような仏道修行に励んだか、その実態はよくわからない。

『今村家伝記』の世界

さて、ここで補足しておこう。井伊直満・直義誅殺事件から井伊直親の出奔に際して大きな活躍をしたのは、今村藤七郎である。彼については、『井伊家伝記』の書かれる少し前の享保六年(一七二一)、祖山和尚自身が執筆したとみられる『今村家伝記』というのが、龍潭寺に残存している。ここでは、それを紹介してみよう。この書物は、勝間田氏を祖とする今村氏の歴史を詳しく述べた後、次のように今村藤七郎について説明している(以下、意訳)。

今村藤七郎勝重は元々、「勝畠」(勝間田)を名乗る遠州城東郡の武士であった。永正年間、新野左馬助・松下与右衛門(のちの松下常慶)・松下源太郎・今村藤七郎の四人は、同郡出身の武士である。四人のうち、新野左馬助は、妹が井伊信濃守直盛公の内室であり、その縁によって城東郡から井伊谷へと引っ越した。今も井伊谷に新野屋敷がある。現在も「新野」という。松下与右衛門・同源太郎・今村藤七郎の三人は、新野左馬助を縁として、三人前後して井伊谷へと引っ越し、松下与右衛門は井伊信濃守直平公に奉公した。松下源太郎は、若輩者のため、井伊信濃守直盛公の近習となった。今村藤七郎は、井伊彦次郎直満の家老となった。それぞれの屋敷は、今も井伊谷にある。新野左馬助屋敷を「新野」という。今村藤七郎屋敷は、龍潭寺末山円通寺の門前先、すなわち、井伊直満様屋敷の前にある。さて、天文十三年十二月二十三日、井伊直満・直義が、小野和泉守の讒言によって駿府で傷害となる。直満の実子（後、肥後守直親。直政実父なり）九歳、十二月晦日に小野和泉守が亀之丞を殺害しようと支度していたため、藤七郎は、龍潭寺の南渓和尚（井伊信濃守直平実子）の指示によって藤七郎、亀之丞様に御伴し、信州伊那郡市田郷松源寺へと落ち行く。すなわち、天文十四年元旦、山路のなか御吸物で祝った吉例にちなみ、今に至るまで、正月の御給仕は、今村家が勤めているという。信州落ちのとき、途中には敵が多かった。そのうえ勝間田は、よく知られた家名であったため、「今村」と名を替えた。ほかに「中村」という武士が一人いた。彼は信州に到着すると帰国したが、藤七郎は、信州に十二年いることになった。信州松源寺というのは、井伊谷龍潭寺の南渓和尚の師がいらっしゃったお寺であるため、龍潭寺の南渓和尚から書状が遣わされ、松源寺を便りとして、十二年間御暮らしなされた。その際も、龍潭寺から年に五、六度は使僧が来訪し、金子を信濃守直盛様が遣わされた。天文二十三年に小野和泉守が病死すると、翌年弘治元年に今村藤七郎、信州より亀之丞の御伴として井伊谷へ帰国。すなわち、亀之丞は奥山因幡守息女を縁組する。井伊信濃守直盛の養子になると定まった。今村は、もともと、勝間田の系図ゆえ舞鶴の紋である。今村藤七郎、天正元年十二月二十三日に遠行。法名は、実心院平心道安居士。（下略）

話をまとめてみよう。今村藤七郎は、元々、遠江国城東郡に住む「勝間田」を名乗る武士であった。永正年間には、新野左馬助・松下与右衛門・松下源太郎・今村藤七郎が同郡出身の武士であったが、このうち新野左馬助は、妹が井伊直盛の内室となったことにより、その縁で井伊谷に引っ越し、「新野屋敷」に住んだ。そして、次に、新野左馬助の縁をもって、残りの三氏も井伊谷へと移住してきたという。松下与右衛門は井伊直平に仕え、松下源太郎は井伊直盛の近習となった。今村藤七郎は、井伊直満の家老として仕え、龍潭寺末寺である円通寺門前の直満屋敷の前に、屋敷を構えたという。

ここでは、今村藤七郎の事績が、詳細に書かれている。亀之丞が、松源寺へと入ったのは、南渓和尚の師である黙宗《もくそう》和尚が在住していたからだという。この『今村家伝記』は、祖山和尚が『井伊家伝記』を書く前に書いたものであり、祖山の思想形成を知るうえでも重要な記録である。

さて、下略部分には、井伊谷における今村屋敷について書かれている。これによれば、今村屋敷は、井伊直満の屋敷前にあり、だいたい六十坪ほどだったという。円通寺は、井伊直満・直義の菩提所であるが、彼らの屋敷もその近辺にあった。具体的には、今の「井殿の塚」あたりに直満の屋敷があり、その前方に今村屋敷はあったと考えられる。

もちろん、これも祖山和尚が享保年間に執筆したものであって、同時代史料ではない。しかし、祖山は、今村氏のことについて、「四十三年前、今村忠右衛門が参詣してきた際に三代前の喝岩和尚が話していたと万亀《ばんき》和尚が話していたことを、先住の徹叟《てつそう》和尚から聞いた」と書いている。『井伊家伝記』は、このようなかたちで歴代住職によって口伝されてきたものをもとにして、書かれた側面もある。そのことをふまえたうえで、『井伊家伝記』について検討していくことが必要だろう。

右近次郎による直親襲撃事件

ここで、井伊直親の信州落ちに関して、一つ地元に残る伝承を紹介しておこう。それは、渋川の「右近次郎」による井伊直親襲撃事件についてである。この話は、古くから地元に伝わる話であり、享保年間に書かれた記録のなかに、これが登場する。まずは、東光院に伝わった次の記録をご覧いただきたい。

天文十四年信州へ御落の節、坂田峠を御越の時、大平村の百姓右近次郎矢を射付ける。御帰国の時、岡畂と申す所にて右近次郎は仕置《しおき》（処刑）に相成る。右近次郎の墓、地蔵久保の西に有り（※この部分、抹消され「焼跡申す所あり」と併記されている）。直親公御休息の場所桜地蔵と称す、今にあり。秋葉往来より路上三丁ばかり上る。その後、直親は和泉守が子息但馬、今川氏真《うじざね》へ讒言に依って当国掛川《かけがわ》十九番町にて主従ともに傷害なり。まさに永禄五壬戌年十二月十四日なり。前肥州大守智峰宗慧大禅定門と申し上げるなり。現東光桂昌《けいしょう》誌焉。

要するに、井伊谷から逃れてきた亀之丞に対して、弓の名手であった右近次郎が攻撃を仕掛けたという話である。ここにあるように、右近次郎は、信濃から亀之丞が戻ってきた際に処罰されている。この話は、遅くとも十八世紀前半には、地元で知られていたことが由緒書などで確認できるが、ここで注目してもらいたいのは、文末の「現東光桂昌誌焉」という文言である。

桂昌和尚というのは、能仲和尚の後任である。『当山歴代記録』（東光院文書）によれば、第四世にあたり、天文十八年（一五四九）から慶長三年（一五九八）七月十七日まで東光院に在住した。この文言がたしかならば、十六世紀後半から十七世紀前半には、こうした伝承が残されていたことになる。

社会に定着していた右近次郎伝承

ここで、右近次郎といわれている人物は、いったい何者なのか、考えておこう。その素性はまったくわからないが、地元土着の人間だと理解してよいだろう。弓の名手であるが、亀之丞を狙撃したというからには、山賊・山伏の類であったであろうか。この話については、十九世紀前半に叙述された地誌『遠江古蹟図絵』(藤長庚編・神谷昌志修訂解説、明文出版社、一九九一年)にも、次のようにあるので、確認しておこう。

奥山近所引佐郡渋川村という所に細木橈《ほそぎだ》という所あり。蛇塚あり。往古、右近次郎という者あり。この者の執念蛇となりたる由来を尋ぬるに、井伊谷城主井伊信濃守この里を通り、信州へ落行くことあり。この辺、渋川村に右近次郎という浪人あり。乱世のことなれば落武者と心得、射て取らんと矢一筋射かけたり。その矢それて、信濃守の騎《の》りたる馬の鞍坪に射付けたり。信濃守危うき場を遁《のが》れたまい、信州へ行き、その後、井伊谷へ帰り、ある日渋川村にて遊猟したまいける。里人に向かい、この所に弓の上手有りやと問う。百姓曰く、この所に浪人あり、弓上手有りと申し上ぐる。早速その者を召して試みるに希代の名人なり。信濃守この者の面体を見るに、先年我に矢を射懸けし曲者に相違なし。この者に仰せつけ、獣を射るとて山野を駆け廻るところを信濃守鉄砲にて討ち死したまいける。右近次郎、愛妾あり。夫の死したるをこがれ、終《つい》に死して執念一つの蛇となり、その葬りたる塚に住み、また右近次郎怨念も蛇となりて、その塚に二疋の蛇すむ。和尚を頼みて年忌仏事をなせば、二疋の蛇きて頭を低めて渇仰の相を顕《あらわ》す。このこと、所の者の俗説なり。珍しきことなれば載す。

この記録によれば、引佐郡渋川村（現在の浜松市北区引佐町渋川）の細木橈という所には「蛇塚」というものがあり、それは井伊谷から逃れてきた亀之丞（井伊直親、ここでは「信濃守」となっているが誤りであろう）を狙撃し、後になって、直親に見つけ出されて殺害された右近次郎とその妻の「執念蛇」を祀ったものだという。

もちろん、これらの伝承をすべて史実として捉えるのは問題であるが、一方でこれがかなり古くから地元に伝わってきた話であることも重視しなければならない。また、「右近次郎」にまつわる伝承には、諸説あることも、この伝承がいかに社会のなかに定着したものであったかをよく物語っている。

ここで「右近次郎」という名前に着目してみよう。まず、「右近」とは、「右近衛府《うこんえふ》」の略と考えるのがふつうであろう。「高山右近」のように、名前として一般的に使われることも多かった。しかし、地元ではこれを「をこの次郎」と呼んでいる。「お（を）こ」は、一般的に「痴・尾籠・烏滸」と書き、「愚かな、バカな」などの意味をもつから、語感でいえば、これは「バカな次郎」ということになるだろう。

では、「次郎」という言葉のもつ意味とは何か。これは後に明らかになるので、ここでは触れない。じつは、この話のなかに、井伊氏の正体に迫る重要なキーが隠されていると思われる。まずは、短命に終わった井伊直親にまつわる伝承の一つを紹介するにとどめておきたい。

「都市的な場」の繁栄

ここで、井伊直虎が活躍する永禄年間前後の井伊谷周辺社会の様子について検証しておくことにしよう。まず、この時期、特徴的なのは、平野部の地域を中心に、市場が形成されはじめてきたことが挙げられる。これは、現在の「都市」とはいえないものの、その萌芽的な「都市的な場」といえるまでには成長していた。具体的には、「銭主《せんしゅ》」と呼ばれる新興商人らによって、この「都市的な場」の発展は支えられていた。

都田から祝田《ほうだ》、気賀《きが》にかけての井伊谷川、都田川流域は、井伊領では珍しく肥沃な土地であり、井伊氏は、古くからこの地への介入を進めてきた。都田御厨《みくりや》（御厨とは、神社への供物を調進するための領地）に関する史料のなかには、御厨に対しての井伊氏勢力の関与を示す文言もちらりとみえる。

しかし、井伊氏は南北朝動乱から応仁の乱まで、戦乱が相次いでいたため、なかなかこの地に確固とした地盤を築くまでには至らなかった。井伊氏が本格的にこの地の領有を開始するのは、十六世紀に入ってからのことであった。それは、蜂前《はちさき》神社（浜松市北区細江町中川）に伝来した文書などから知られるところである。

しかし、そもそも、引佐地方の山間部に拠点をもっていた有力な一族たちのなかには、平野部・都市部へと進出したいという欲望をもつものがいた。渋川に拠点をもっていた井伊氏にも、そうした側面はあったであろうし、奥三河から遠江にかけて点々と勢力を張っていた有力な国衆・土豪たち——たとえば、後で登場する「井伊谷三人衆」など——は、そうした願望が強かっただろう。この願望は、後になって歴史の表舞台に出てくる。

亀之丞不在時の情勢変化

では、井伊氏の場合を考えてみよう。彼らは、まず、都田・祝田周辺への介入を進めた。この地域には、村鎮守の「禰宜《ねぎ》」と呼ばれる既得権益をもった集団がいた。あるいは、瀬戸方久《せとほうきゆう》のような新興の商人たちも成長してきていた。その一方で、「惣百姓」と呼ばれる近世の村人に近い人びとも結束力を強めてきていた。彼らのあいだには、ときに深刻な利益対立が生じる場合もあった。この地に領主として君臨しようとする井伊氏であったが、なかなか対応に窮することもあったであろう。こうしたなかで、戦国大名の今川氏真がこの地に徳政令《とくせいれい》を施行しようと試みたことによって大きな混乱が生じるのであるが、それは後の話である。

なぜ、この話をここでするかといえば、亀之丞（直親）が井伊谷を離れていた約十年（足掛け十二年）間は、この井伊谷川・都田川流域の勢力図が大きく変転した時期だったのではないかと考えるからである。もちろん、今とはずいぶんと違う時代である。景観と社会の変化はきわめて遅々としたものであろうが、確実に社会は次の時代に向けて進んでいた。亀之丞が井伊谷を十年間留守にしたこと——、これがもつ意味は、本人にとっても、井伊氏にとっても、かなりの重しとなって後々まで響いてくることになる。

いずれにせよ、亀之丞は十年間の流浪生活を経て井伊谷に帰還するが、彼が根拠地を置いたのは、祝田周辺（大藤寺近辺か）であったといわれる。そして、彼の嫡男である虎松《とらまつ》（のちの井伊直政）は、祝田で誕生することになる。

亀之丞の帰郷

さて、信州松源寺で幼少期を過ごした亀之丞であるが、天文二十四年（一五五五）、いよいよ帰還する運びとなった。考えてみれば、直親も寺にいたのだから、小僧（坊主）であったということができる。当時の寺院は、文化水準が高い場合も多く、その点では恵まれた環境で、亀之丞も知識を得ることができただろう。

しかし、それにしても、なぜ、このタイミングで亀之丞は、井伊谷に戻ってきたのだろうか。武田氏と今川氏、北条氏が三国同盟を締結し、東海地方に平穏が訪れたからであろうか。あるいは、小野和泉守が亡くなったからであろうか。東光院に伝わった文書のなかでは、次のように説明されている。

天文十四年正月三日夜中に住持能仲案内にて大平村より坂田峠を越え、信州伊那郡市田村松源寺へ恙無《つつがな》く落ち行き隠れ居ること十二年の間なり。天文二十三寅年小野和泉病死依而《よりて》直盛公より信州へ仰せられ、井伊亀之丞、藤七郎御供にて弘治元年卯二月御帰国、当寺滞留、同三月三日御発駕、井伊保へ着陣、すなわち直盛公御養子に相究り井伊肥後守直親と御名乗り、奥山因幡守朝利《おくやまいなばのかみともとし》が息女と縁組なさると申し伝えなり。

ここにあるように、江戸時代の引佐の人びとは、小野和泉守こそが、井伊直満・直義事件の黒幕だとみていたようだ。これは、一面では正しいのかもしれない。しかし、表面だけみて人を評価してはいけない。小野和泉守が、井伊直宗の「家老」であったことを忘れてはならないだろう。すなわち、井伊直宗―小野和泉守vs.井伊直満―今村藤七郎の対立が、この背景にあったのではないだろうか。そうすると、この事件の深層には、井伊氏内部の深刻な二項対立があったことも想定される。

小野和泉守が没したことにより、とりあえずの懸念が消え、亀之丞の帰還が実現することになったという見解は、一応成り立つ。しかし、むしろ私は、井伊直盛が高齢になり、嫡男が生まれる可能性が低くなり、新しい当主を必要としたことが、亀之丞帰還の直接的な要因であったと考える。亀之丞は、このとき二十歳であった。代替わりの時期としては、ちょうどよい年齢であった。亀之丞を井伊直盛の養子とするほかに、井伊家を存続させる方途がなくなったのだろう。

青葉の笛の伝承

さて、亀之丞の帰還時には、先に紹介したように、右近次郎の処罰がおこなわれたという。右近次郎は、天文十四年(一五四五)に、亀之丞が信州へ向けて出立する際に、襲撃した犯人であった。

もう一つ、有名な話として、亀之丞は、信州から帰還する際に「青葉の笛」を持ち帰り、六所《ろくしょ》神社へ寄進したというものがある。この「青葉の笛」は現存しており、近年、にわかに有名となった。

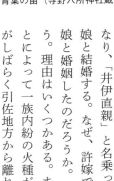

井伊直親が、「青葉の笛」を六所神社に寄進したことにどのような意味があったのか。この問題についても、後から考えることにしよう。

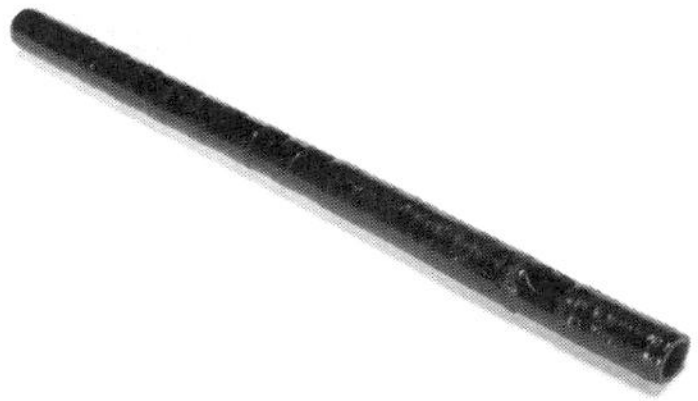

青葉の笛(寺野六所神社蔵)

直親と直虎はなぜ結婚しなかったのか

亀之丞は、井伊谷へ帰還すると、即座に井伊直盛の養子となり、「井伊直親」と名乗った。そして同時に、奥山朝利の娘と結婚する。なぜ、許嫁であった直虎ではなく、奥山氏の娘と婚姻したのだろうか。この問題について整理しておこう。理由はいくつかある。まず、井伊直盛の養子となったことによって一族内紛の火種が消えたこと、そして、井伊直親がしばらく引佐地方から離れていたことが大きかったであろう。地元から離れていた、ということは、ブレーンとなる家臣団との信頼関係がまだ構築できていないということである。よって、地元の有力一族である奥山氏との縁組は、地元での地盤形成にとって必要不可欠だったのだろう。また、直虎こと次郎法師が、すでに龍潭寺で出家していたことも大きかった。尼ではないというが、女性が還俗《げんぞく》して結婚するというのは、あまり例がないことだろう。

それにしても、直虎の運命は数奇なものである。通常であれば、井伊直盛の娘であったのだから、今川家中のしかるべき有力者のところへと嫁いでいたことであろう。あるいは、奥山氏や伊平氏との婚姻も考えられた。井伊直盛の婿養子となって、名門井伊氏の後継者となることを目論む一族は、多かったであろう。しかし、彼女はその人生を歩まなかった。それはなぜだろうか。

いくつか理由は考えられるが、その一つには、龍潭寺と井伊氏との関係があったであろう。井伊直平の子（養子?）である南渓和尚が在住していることからもわかるように、井伊家にとって菩提寺龍潭寺は、結束の場所として重要であった。これまで、井伊氏の結束には外部の権力である今川氏の存在が必要であったが、龍潭寺を結集の土台とすることで、それを乗り越えることができる。龍潭寺の存在は、井伊氏の存続にとって、どうしても必要不可欠であった。そのことを、直虎こと次郎法師はよく知っていたのであろう。あるいは、南渓和尚がそのように考えたのかもしれないが、これが、井伊直虎が負った一つの宿命であった。

いずれにせよ、直虎は、井伊直親が直盛の養子となったことによって、領主の一人娘としての立場を失ったのである。だからといって、彼女が井伊氏のなかで役割を失ったかというとそれはまったくちがう。彼女は、別の意味からも、「次郎法師」とならざるをえなかった、と私は考えている。それも、彼女の「宿命」の一つであったと思うが、その意味は、もう少し後で述べる。

桶狭間の戦い

永禄三年(一五六〇)五月、「桶狭間の戦い」が起きる。今川義元が大軍を率いて三河・尾張国へと侵攻していくなか、桶狭間で、当時はまだ無名であった尾張の織田信長の奇襲によって討たれるという大事件が発生した。

これは、井伊氏にとって大きな転換点であった。というのも、井伊一族の多くが今川方の軍勢としてこの戦いに参陣しており、相当な被害を受けた。『井伊家伝記』は、このときの戦死者を次のように、掲げている。

小野玄蕃《げんば》（右玄蕃妻奥山因幡守娘なり。直政公為に伯母也《なり》。玄蕃嫡子小野亥之助、直政公権現様へ御出勤の節御伴致し罷出申し候故、万福と申す名を被下置《くだされおき》候、兵部少輔様家老小野七郎左衛門先祖也）、田中善三郎・奥山彦市郎・奥山六郎次郎（奥山因幡守嫡子、直政公為に叔父なり、奥山六左衛門先祖なり）、小野源五・上野惣右衛門・同源右衛門・同彦市郎、多久郷右衛門、気賀庄右衛門、御厨又兵衛、市村信慶、牧野市右衛門、上野孫四郎、奥山彦五郎、袴田甚八、以上拾六人討死。

これによって、ナゾに包まれていた井伊家の家臣団の特質が少しだけ垣間見える。まず、当主である井伊直盛が戦死していることから、このメンバーには、井伊直盛の近臣たちがそろっていたと考えるのが妥当である。

もちろん、これに追随した無名の人物も多くいたであろう。そして、何よりも井伊氏の惣領である直盛の戦死は、引佐地方に大きな衝撃を与えた。井伊直親は、このときすでに成人しており、周囲に対しては、当主として明確な立場にあった。井伊直親を中心とした家臣団の整備も進んでいたであろう。直盛とその近臣たちの戦死は、こうした秩序に対して再編成をせまるものとなった。とくに、井伊直盛の側近にいた小野氏は、大きく勢力を減退させることになったであろう。

このように、井伊直親の求心力は、桶狭間の戦いを契機に高まる可能性もあった。しかし、これはあくまで井伊領内に対しての話であり、大きな弱点もはらんでいた。それは、今川氏との関係である。信州で暮らしていた直親は、今川氏との結びつきをまったくもっていなかったとみられる。桶狭間の戦いに参加しなかったのが、何よりもそのことを示している。当然、今川氏の家臣のなかに、よしみを通じる者もいなかったであろう。このことが、後に悲劇を生むことになる。

今川氏真による遠江支配

さて一方、桶狭間の戦いの後、今川家は氏真を中心に勢力の挽回をはかった。こちらも今川義元から氏真へと家督が相続されるのは既定路線であったと思われるが、やはり、反対勢力もあったであろう。今川氏真は、世間一般でいわれているほど愚将ではないと思う。お歯黒、蹴鞠《けまり》などのイメージで語られることが多いが、義元没後の治政のすべてが悪かったわけでもないだろう。むしろ、混乱を収拾するための素早い対応もみられる。たとえば、氏真は、桶狭間の戦い直後の永禄三年（一五六〇）に、龍潭寺に対して判物《はんもつ》を下している。これは、「悪党以下山林と号し走入の処～」という文言のある有名な文書であるが、桶狭間の戦い後まだ三ヵ月も経たない時期であり、氏真政権の対応の素早さをうかが

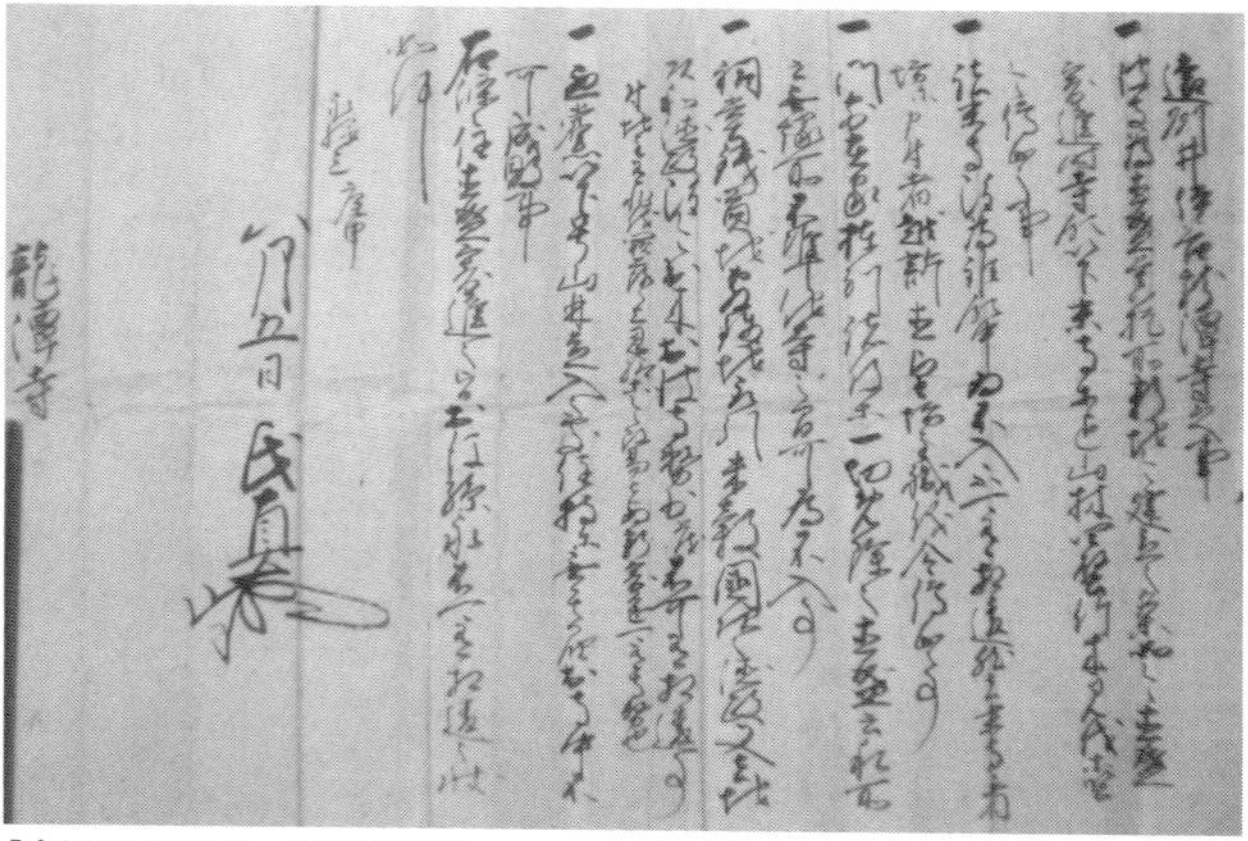
八月五日　氏真
龍潭寺

「今川氏真判物」（龍潭寺蔵）

わせるものである。

しかし、それにもかかわらず、遠江・三河の多くの国衆たちは、今川氏から離反することになった。その理由はなにか。やはり、カリスマ性をもっていた今川義元が亡くなったことが原因だったのだろうか。

ここでは、今川義元と氏真が遠江に対しておこなったことをくらべながら、冷静に考えてみたい。というのも、意外にも義元よりも氏真の方が遠江の支配には積極的であったからだ。それは、徳政令をめぐる問題として、後に表面化してくるが、この点では、今川義元から井伊谷龍潭寺に下された安堵状《あんどじょう》が存在しないことも気になる点である。すなわち、義元は、井伊氏の領地に対して基本的に不干渉であったと思われる。もちろん、井伊氏を軍事的に編成し、合戦に参加させてはいるが、具体的な支配にまで関与することはなかった。

一方で、今川氏真は、のちに井伊直親を殺害させ、井伊谷に徳政を施行するなど、積極政策にうって出ている。永禄三年に今川氏真によって下された龍潭寺判物も、井伊氏の龍潭寺への関与を相対化する目論見があったのかもしれない。龍潭寺が、今川氏によって安堵されていることをはっきりさせる目的だった可能性もある。

すなわち、極端な見方をしてしまえば、義元の段階では、今川氏は遠江を完全な意味で掌握していたわけではなかったのではないか。義元が統一していたのは遠江の一部分——とくに平野部あるいは浜名湖周辺——にすぎなかった。これを実行力をもって制圧し、今川氏の版図を広げようとした張本人こそが、今川氏真であったのではないだろうか。そして、氏真はその反撃にあい苦心することになる。

今川氏真は、その名の知られた超一流の文化人である。彼からすれば、周縁に生きる「野蛮な」井伊氏などは、とるに足らぬものであっただろう。

今川氏真は、武田信玄との関係を悪化させたことによって、駿府を攻撃され、あえなく敗退していくことになる。これは一見すると、単純な外交戦略の失敗のようにもみえるが、遠江国に視点を置いた場合、まったく違う歴史像もみえてくるのではないだろうか。

井伊直親の誅殺事件

今川義元の戦死は、東海地方の人びとを震撼させる大きな出来事であった。井伊氏も相当な打撃を受けたが、その一方で、駿府からの井伊氏に対する風当たりは冷やかなものであった。今川氏真から、徳川方との内応を疑われたのである。この申し開きのために、直親は駿府へと出向するが、途中、掛川城主の朝比奈泰朝《あさひなやすとも》によって誅殺される。享年二十八。幼少期から潜んで暮らし、ようやく当主となった矢先である。彼の生涯は、不遇であったといえるだろう。直親の唯一の望みは、奥山朝利の娘とのあいだに誕生した一児の存在である。この人物こそが、後に徳川四天王として天下にその名を轟かせる井伊直政である。

さて、井伊直親はなぜ、朝比奈泰朝によって殺害されなければならなかったのであろうか。これは、大きなナゾである。『井伊家伝記』は、次のようにいう。

小野但馬祖父小野和泉守、肥後守直親公の実父彦次郎直満を傷害致し候宿意《しゆくい》にて、主従共父と父との遺恨相残り、平日君臣の間宜しからず、茲《これ》に因《よ》り、直盛傷害の後井伊谷を押領致すべく陰謀兼て巧み申し候え共、中野信濃守（直由《なおよし》）井伊谷を預かり居り申され候故、見合い申し候折柄、直親折々三州岡崎の権現様へ往来、内通なされ、其上井伊谷山中へ鹿狩にかこつけ、御人数遣わされ候。直親領地の中、山中、村々共鹿狩の案内なされ候故、永禄五年壬戌の極月、小野但馬急に駿府へ罷《まか》り下り、今川氏真へ讒言申し候は、肥後守直親は家康公・信長両人へ内通、一味同心仕り候。近日遠州発向の為に、先勢の人数遣わされ候。追々大勢参り候風説夥《おびただ》しく候。遠州は信長・家康公両人の手に入り申すべしと、委細に訴え申し候故、今川氏真大に驚き、早々出馬、直親公を糺明、相攻め申すべき由にて、遠州掛川城主朝比奈備中守に先手申し付けられ候。之により直親陳謝の為に新野左馬助を駿府へ遣わされ候。後より直親公御越しなされ候所に、掛川御通りの節朝比奈備中守取り囲み一戦に及び、直親主従共粉骨を尽すと雖《いえど》も、無勢故終に傷害なされ候。直親公死骸一国の中故、南渓和尚僧衆遣わされ、引取り、龍潭寺に於て焼香なされ候。

この記述によれば、小野但馬守の祖父（父ともいう）である小野和泉守は、直親の親である直満を死に追いやったことでもともと直親には「宿意」があり、敵対関係であったという。そうしたなか、井伊直親が織田信長・徳川家康へ内通していることを、小野但馬守が今川方に讒言した。井伊直親は、その陳謝のために、駿府へ赴く途中、掛川で朝比奈泰朝の軍勢に取り囲まれあえない最期を遂げた、という話である。

幼い頃を信州で過ごした直親は、今川家中への信頼が乏しかった。やはりそれがこの結末を生んだのであろう。そもそも、井伊直親が当主となったことを、今川氏が認知していたのかどうかも定かではない（これは、なぜ直親ではなく、直盛が桶狭間の戦いに同行していたのか、という問題につながる）。

それにしてもこの構図は、直宗の戦死から直満・直義の誅殺までの経緯と、あまりにも類似している。多少の脚色があるとして、その骨格にある問題には、共通したものがあるように感じる。それは、先ほどからくりかえしているように、井伊家の跡継ぎをめぐる対立であっただろう。裏切り行為のあった直満系が井伊家の当主となることに対する警戒心が今川氏のなかにあった（もちろん、これは、井伊氏の内部にもそう考える者はいたであろう）。

動揺する遠江の国衆

いずれにせよ、永禄五年の井伊直親誅殺事件を端緒として、遠江国は大きく動揺する。有力な国衆たちの今川氏離反の動きが加速したのだ。

長きにわたって井伊氏を支えてきた井伊直平が、永禄六年（一五六三）九月十八日に亡くなった。この経緯については諸説あるが、引馬城主であった井伊直平は、家老の飯尾《いいお》氏の裏切りにあい毒殺されたといわれている。直平にかわって引馬城主となった飯尾氏は、今川氏真に対して離反の動きを強めていくことになった。引馬城は、のちに徳川家康の居城浜松城となることからもわかるように、遠江国支配において重要な拠点であった。東海道筋の交通の要衝にあり、「都市的な場」として繁栄した。この引馬の地が、遠江国の中核となりつつあった、というか、今川氏のなかにはこの地を中心として遠江国全体をおさえようという構想があったのかもしれない。この引馬城主であった飯尾氏の反逆は、今川氏真にとっては全力で抑えなければならないものであった。

井伊氏も、今川氏による飯尾豊前守征伐作戦に参加させられた。具体的には、中野信濃守直由と新野左馬助親矩がこれに参加して、戦死を遂げている。この点について、『井伊家伝記』は、次のように記している。

直平公の家老飯尾豊前守、直平公毒死の後押領、引馬城主に罷り成り申し候ゆえ、今川氏真にも随わず、かえって反逆の支度陰謀相巧み申し候。これにより、氏真より新野左馬助、中野信濃守両人にて相攻むべき旨申し来る。両人直平公の怨敵相攻むべき事に候えども、只今威勢強く、両人の無勢にて攻めがたく候間、加勢下され候様に願い申され候ゆえ、氏真より二千人の加勢、手勢井伊谷の人数相催し、引馬の城へ取り掛かり、一戦に及び候えども、豊前は引馬の城相固め申し候ゆえ、終には新野左馬助、中野信濃守引馬の城東、天間橋にて敗軍、両人ともに討死。右両人討死の後は井伊家の御一門と申し候者はこれなく候。

飯尾豊前守が今川に対して反旗を翻したことは、氏真を苦しめることになったが、井伊氏にとっても大きな打撃であった。とくに、右にあるように、永禄七年（一五六四）九月十五日に、中野直由が死去したことによって、井伊氏の求心力は一気に低下した。ほとんど機能不全に陥ってしまったであろう。その一方で、遠州の国衆たちの今川氏からの離反は、これだけにとどまらない。天竜地方の天野氏や奥山氏も武田氏へと通じた。こうした状況を「遠州忩劇《そうげき》」という。氏真はこの混乱をおさえるために、さまざまな策を講じる。その一つが、遠江国を中心におこなわれた徳政令の実施であった。いずれにせよ、この段階ですでに今川氏が、滅亡に向けて歩を進めていたことは、たしかである。

こうしたなかで、にわかに存在感を高めてくるのが、井伊直盛の一人娘である次郎法師であった。

「直虎」の誕生

さて、井伊氏もまた危機的な状況にあった。直親亡き後の井伊氏は当主不在の状況にあったと思われる。中野氏が中心になって一族をまとめていたと思われるが、彼もまた亡き人となった。このあと、いったい誰が領主を継承すればよいのか。
井伊氏の系図をながめると、いくつかの選択肢がみえてくる。もっとも合理的なのは、直親の嫡男である虎松（のちの直政）を当主とする方法である。しかし、虎松はまだ幼かったし、何よりも父親である直親は、今川氏によって処罰されている。よって、この選択肢は選びえない。あと残された方法としては、井伊直平の養子である南渓和尚が還俗して井伊家の当主となるか、あるいは、井伊直盛の一人娘である直虎を当主とするか、はたまたそれとはまったく異なる傍流の一族を当主とするかである。井伊氏は、次のような選択肢をとった。『井伊家伝記』の記事をご覧いただきたい。

中野信濃守井伊谷を預り仕置なされ候あとに、討死の後は地頭もこれなく候。これにより、直盛公後室と南渓和尚相談にて次郎法師を地頭と相定め、直政公の後見をなされ、御家を相続なさるべき旨ご相談にて、次郎法師を地頭と相定め申し候。（瀬戸方久に下され候家康公御判物に、地頭次郎法師とこれ有り）其節井伊家御一族、御家門方々にて戦死、直政公御一人殊に御幼年ゆえ、井伊家御相続御大切に思し召され候なり。

こうしたケースで女性が領主（ここでは「地頭」とされている）となることは、中世社会においては、別に例がないわけではない。「女領主」は、中世の相続のなかでは、よくみられることである。純粋に「領主」という立場ならば、それは老若男女だれしもがつとめることはできた。しかし、井伊家のような戦国大名が群雄割拠する真っただ中（「境目」という）にあった「武士」の一族のリーダーを女性が担うということはとても珍しい。もし、実際に戦争が起きたとすれば、自らもそれに加わらなくてはならない。先述したように、井伊家は南北朝期、宗良親王に従って戦った名門一族である。その当主を、女性が担うということは、ほとんど考えられないことであった。

ここで、直虎が井伊家の当主となった時期が問題となる。一般的には、永禄七年（一五六四）か八年か迷うところであるが、私は永禄八年説をとるべきだと思う（この点は後述する）。

まず、直虎が当主として活躍したことがわかる二点の史料を紹介してみよう。これは、基本史料なので全文をそのまま掲げる。

①次郎法師文書

龍潭寺寄進状之事

一当寺領田畠幷山境之事、南者下馬鳥居古通、西者かふらくり田垣河端、北者笠淵富

田庵浦垣・坂口屋敷之垣、東者隠竜三郎左衛門尉源三畠を限、如前々可為境之事

一勝楽寺山為敷銭永買付、双方入相可為成敗之事、同東光坊屋敷々銭永代買付、縦向後本銭雖令返弁、永代之上者、不可有相違候、同元寮大泉又五郎、彼三屋敷幷横尾之畠、大工淵畠田少、門前崎田少、大内之田、檜岡之田、為敷銭拾七貫五百文、永永可為買付之事

一蔵屋敷前々有由緒、令寄進也、同与三郎屋敷一間、同矢はき屋敷、是ハ只今仙首座寮屋敷也、隠竜軒者道哲之為祠堂、屋敷一間、瓜作田一反、同安陰・即休両人為祠堂、瓜作田二反、同得春庵屋敷一間、永代買付、同神宮寺自耕庵屋敷一間、可為寮舎之事

一自浄院領、為行輝之菩提処、西月之寄進之上者、神宮寺地家者、屋敷等如前々不可有相違之事

一円通寺二宮屋敷、南者道哲卵塔、西者峰、北者井平方山、東者大道、可為境也、北岡地家者、屋敷田畠不可有相違之事

一大藤寺黙宗御在世之時、寮舎相定之上、道鑑討死之後、雷庵以時分大破之上、相改永可為寮舎之事

一祠堂銭買付幷諸寮舎・末寺祠堂買付、同敷銭一作買之事、縦彼地主給恩雖召放、為

祠堂銭之上者、澄〔證〕文次第永不可有相違之事
一寺領之内、於非法之輩者、理非決断之上、政道者担（※旦）那候間可申付、家内諸
職等之事者、為不入不可有旦那之綺之事
右条々、信濃守為菩提所建立之上者、不可有棟別諸役之沙汰、并天下一同徳政并私徳
政一切不可有許容候、守此旨永可被専子孫繁栄之懇祈者也、於彼孫不可有別条也、仍
如件、

永禄八乙丑年
九月十五日　次郎法師（黒印）
進上　南渓和尚　侍者御中

（井伊谷龍潭寺文書）

②次郎直虎文書

祝田郷徳政之事、去寅年以　御判形雖被仰付候、銭主方令難渋、于今就無落着、本百
性令許訟之条、任先　御判形旨申付処也、以前々筋目名職等可請取之、縦銭主方重而
雖企許訟、不可許容者也、仍如件、
永禄十一辰戊十一月九日
関口　氏経《うじつね》（花押）

次郎　直虎（花押）

祝田郷
　禰宜
　　其外百性等

（『静岡県史』資料編7中世三―三四八五号）

ごく簡単に、①と②について説明しておこう。①は、永禄八年（一五六五）に井伊直虎が、龍潭寺住職南渓和尚に宛てて出した黒印状である。表題の通り龍潭寺への寄進状となっている。龍潭寺の寺領が明確にされただけではなく、それぞれの屋敷地等の由緒が明文化されたところにも大きな意味がある。

②は、今川氏真の命令によって、徳政令の執行を最終的に承認した文書である。今川の奉行人である関口氏経と連名で、「次郎直虎」の名と花押がみられる。「直虎」の名が確認される唯一の史料である。

井伊直虎の名前が直接的に確認できる同時代の古文書は、この二点に限られる（このほかに、「井次」〈おそらく「井伊次郎法師」の意味〉に宛てられた文書などを確認できる）。ここで「次郎直虎」、「次郎法師」とされていることから、「直虎」＝「次郎法師」となる。つまり、

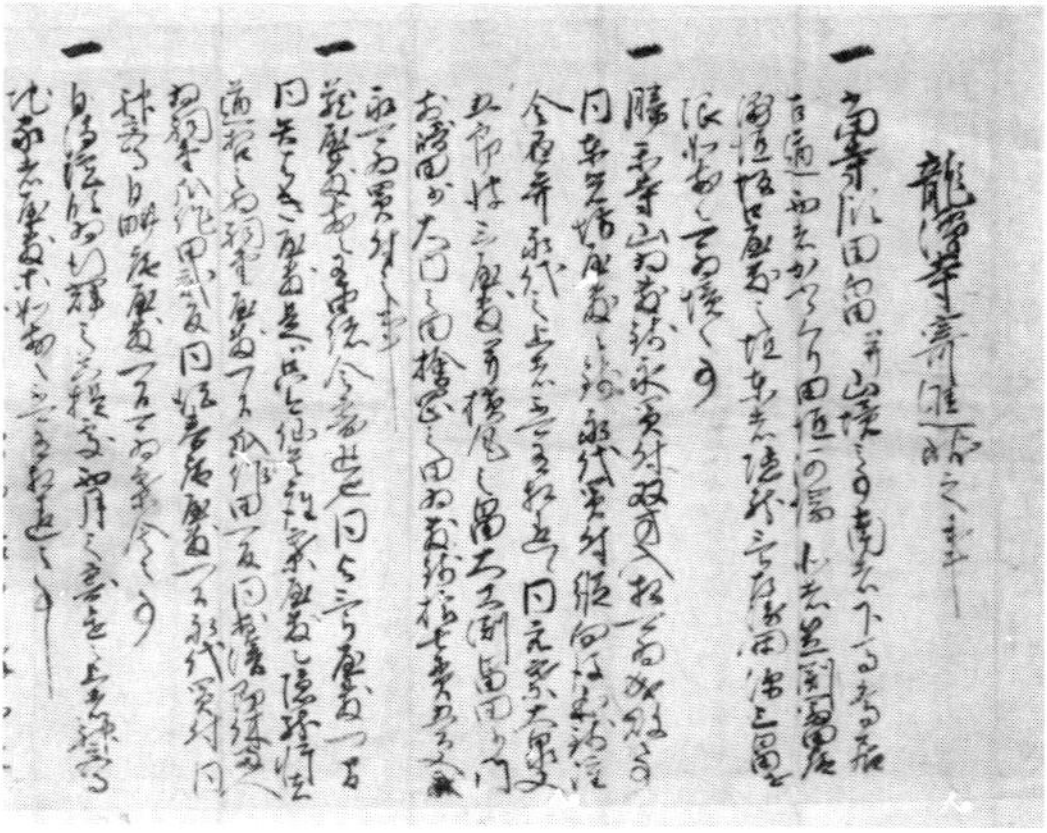

この二つの文書を深く読みこんでいくことが、井伊直虎を考える正攻法である。この後、何度もこの二つの文書――前者を「次郎法師文書」、後者は「次郎直虎文書」としておこう――を駆使しながら、本文を進めていくので、ご了承いただきたい。

「次郎法師文書」のもつ意味

さて、この時期の蜂前神社文書には、「主《もん》水《どの》佑《すけ》」（井伊主水）の名前も確認でき、なぜ「次郎法師」「直虎」が、井伊家の当主としての責務を果たさなくてはならなかったのか、じつはよくわからない。ちなみに、各種系図のなかで、井伊主水は確認できないが、同時代の史料に記録があるため、主水を名乗る中心的な井伊氏がいたことはたしかであるだろ

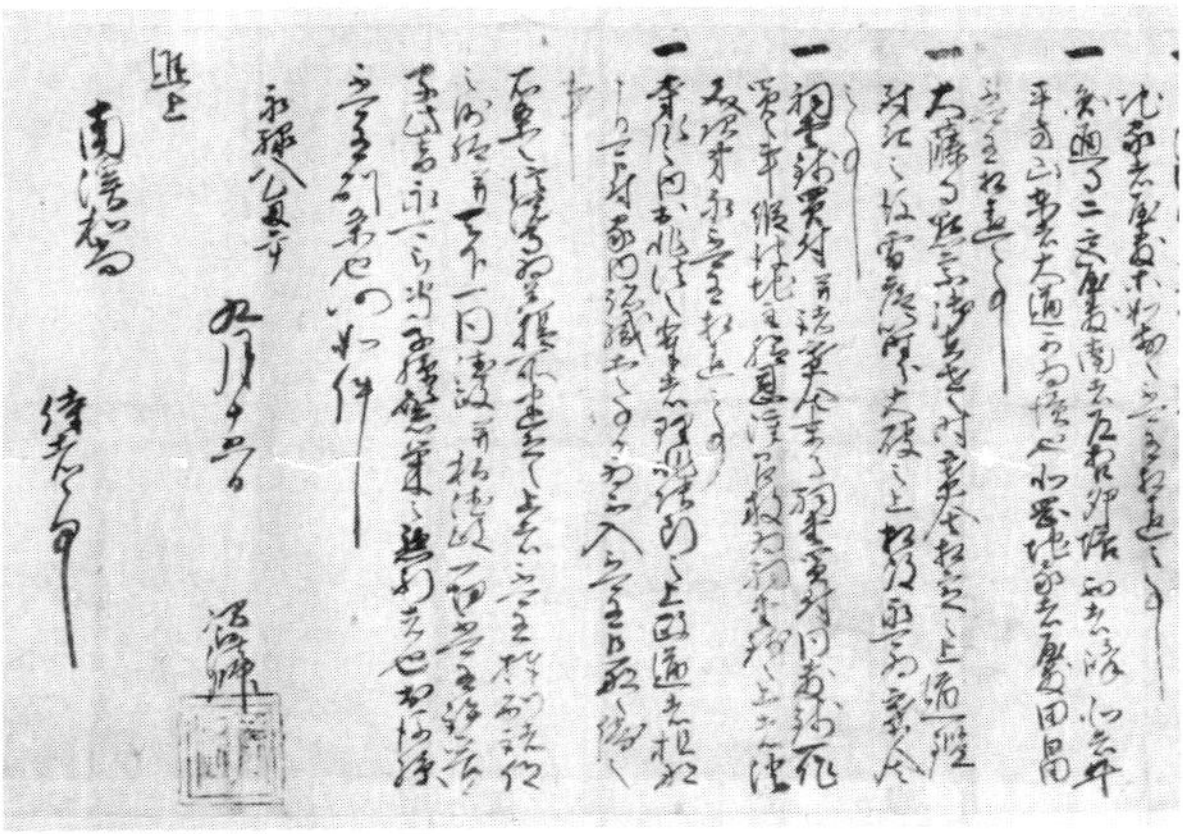

①「次郎法師文書」（龍潭寺蔵）

う。また、そのほかにも井伊氏の分家筋から養子をとることはできなかったのかなど、井伊直虎が「地頭」となった必然性については、問題も多く残るところである。しかし、井伊直盛の娘「次郎法師」が、「地頭」となったことは、諸記録で一致しており、ほぼ確実であるといってよいだろう（ただし、次郎法師が「直虎」と名乗ったことを示す直接的な論拠となる史料は、伝記を含めて確認できていない）。

ちなみに、この時期、蜂前神社文書のなかに、井伊直政（虎松）が作成したという割付《わりつけ》状《じょう》が存在している。これは、歴史家の大石泰史氏らの調査で、次郎法師の直虎によるものだと推定され、永禄七年（一五六四）には井伊直虎が領主となっていたことの一つの論拠とされた（『今川遺文』）。しかし、この割付状

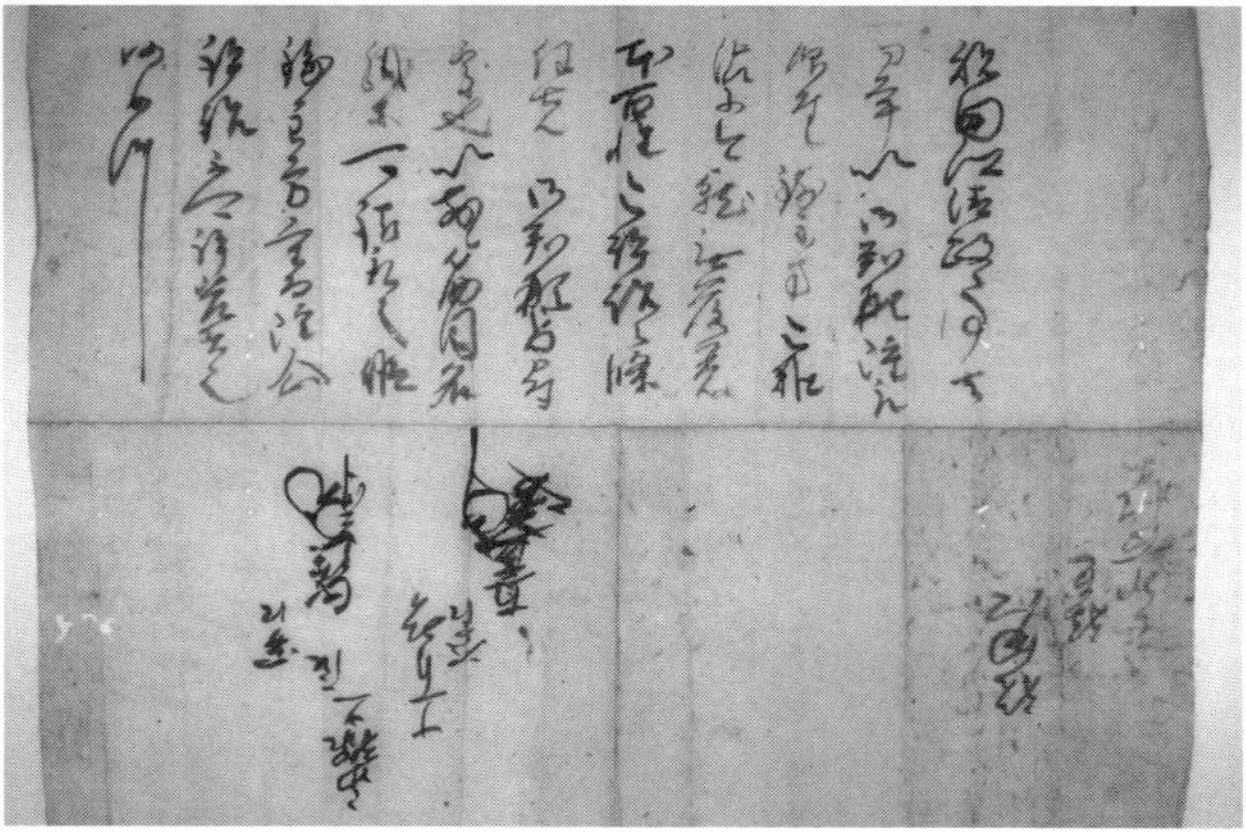

②「次郎直虎文書」（蜂前神社蔵）

には、「小野源一郎殿」など、「殿」という敬称表現が付けられていることから、井伊氏の惣領が作成した文書と考えるのは不自然である。小野氏は、「代官」であったり、「家老」であったりするので、つねに井伊氏の配下にいた立場である。もし、この割付状を井伊氏の当主が書いたとしたら、「殿」を付けるのは、あまりにも不自然なことのように思う。

よって、これは、井伊直政（虎松）によるものと考えた方がまだ納得がいく（もちろん、代理人が作成したのだろうが）。いずれにせよ、この史料をもって、井伊直虎が、永禄六年頃から当主となっていたとは考えられない。というよりも、この時期には、まだ直虎が、井伊氏の当主とはなっていなかったと考えるべきだろう。

私は、あくまで「次郎法師文書」の存在をもって、井伊家の惣領としての立場を明確にしたとみるべきだと考える。その理由については、第二章で詳しく述べることにしたい。

井伊谷徳政

さて、先ほど少し触れた井伊谷徳政の問題について、ここで簡単にみておこう。徳政とは、簡単に言えば借金棒引き。債権・債務関係を破棄し、売却した土地を取り戻すことを公権力が認めるという政策である。井伊谷徳政は、これまで多くの研究者によって議論されてきた問題である。というのも、この井伊谷徳政の問題は、今川氏の権力の質や井伊氏の自立性を考えるうえで重要となるだけではなく、この出来事をきっかけに、地域社会の人びと――「銭主」、瀬戸方久、惣百姓ら――の様子が垣間見えるからである。ちなみに、『井伊家伝記』には、井伊谷徳政についてはいっさい記されていない。そのかわりに蜂前神社に残された同時代の文書に、井伊谷徳政をめぐる記録は多数残されている。ここでは、それらをもとに、その概要を追っていくことにしたい。

きわめて簡単にいってしまえば、この出来事は永禄九年(一五六六)、今川氏から出された徳政令を、井伊直虎が約二年間凍結したことを指す。今川氏がこの時期に徳政令を実施した理由は、今川氏真に対する遠江国衆たちが相次いで「離反」したことによって生じた混乱（先述の「遠州忩劇」）を解消し、秩序を守ることが目的であったのであろう。疲弊した農民たちへの援助がその目的であったと考えられる。

しかし、この井伊谷徳政をめぐっては、さまざまな思惑が交錯した。当地の農民たちは、借金が棒引きされる徳政令を強く求めるが、一方で商人たちにとってみれば、大問題である。井伊直虎は領主としてその中間に立って、両者の利害を調停するようにつとめたのである。この間、今川氏の奉行衆たちは、しきりに井伊直虎に対して、徳政令を即時に実施するように呼び掛けているが、結局、永禄十一年十一月までこの執行をとどまらせた。その間に、瀬戸方久ら「銭主」と呼ばれる商人らの利益を守るように取り計らい、井伊領の混乱を最小限におさめることに成功したといえるであろう。また、井伊領の「領主」としての自立性を、多少ながらも示すことに成功したとも評価できる。

直虎は最終的に今川氏の家臣関口氏経《せきぐちうじつね》とともに、連署状《れんしょじょう》を作成し、徳政令の実施に踏み切るが、このことを示す文書こそが「次郎直虎文書」である。このなかで、直虎は、名前の下に堂々たる「花押」を書いている。これこそが、井伊直虎の名前を示す唯一の史料である。

以上が、井伊谷徳政のきわめて簡単な概説的な状況である。それにしても、井伊直虎は、なぜ、徳政令を阻止しなければならなかったのだろうか。瀬戸方久ら新興商人の利益を守るため、だったのだろうか。ここに井伊氏の本質に関わる問題が隠されていると考えているが、この問題についても、次章で詳しく述べることにしよう。ここでは、井伊谷の利益を調整した直虎の活躍について心にとめておいてほしい。

小野氏による「井伊谷押領」

井伊谷徳政にあたって、今川氏と井伊氏の間の調整役を担ったのは、一貫して小野但馬守であった。蜂前神社文書では、小野但馬が「取次」として、今川氏となかなか徳政令を実行しない井伊氏とのあいだを取り持っていたことがわかる。

ところが、井伊谷徳政が実施されて以降、今川氏と井伊氏の仲介役であった小野但馬守が、井伊谷を押領《おうりょう》する事態が起きた。この経緯については、『井伊家伝記』が、次のように説明している。

新野左馬助、中野信濃守討死の後、次郎法師地頭職御勤め、祐椿尼公（直盛公の内室なり）、実母御揃い、直政公御養育申し候えども、皆々女中ばかりゆえ但馬諸事取り計らい、我がままばかり致し、何とぞ井伊谷を押領仕るべき旨相巧み申し候折節、永禄十一年の秋、甲州武田信玄、駿府今川氏真を相攻め、これにより、右軍用ゆえ但馬駿府へ罷り下り、帰国の上、すなわち、申し候は、氏真下辞にて直政公を失い奉り、井伊保人数を召し連れ駿府へ発向致すべき旨、押領の支度、殊更《ことさら》女中揃いにて進退かないがたく、直政公早々龍潭寺へお忍びなされ、南渓和尚出家になさるべく候由にて、衣を御着せ奉り、その場をおのがれお忍びあそばされ候ことは、直政公八歳の節なり。龍潭寺にお忍びなされ候えども、南渓和尚出家にはなさるまじき御心入にて三州鳳来寺《ほうらいじ》へ奥山六左衛門相添え遣わされ候て、剃髪はなされず候。（中略）小野但馬逆心申し候は、永禄十一年直政公八歳の節、井伊谷にての事なり。それまでは、井伊谷に地頭職は次郎法師御勤めなされ候て、直政公御別条なく在城なされ候。永禄十一年小野但馬逆心にて、井伊保揉合騒動なり。直政公御立ち退き成され候ことは、井伊保にてのことゆえ、龍潭寺南渓和尚へ疑うことこれなきなり。

新野左馬助・中野信濃守など、井伊家を支えていた人物が戦死した後、井伊家で直政公を養育しているのが女性ばかりになったのをいいことに、家老の小野但馬守が井伊谷の地頭職を押領しはじめたという。「但馬諸事取り計らい、我がままばかり致し」、「小野但馬逆心にて、井伊保揉合騒動なり」など、小野氏にとってみれば、散々な書かれようである。小野但馬守は、井伊谷押領を企《たくら》み、氏真に讒言して、直政まで亡きものにしようとしていたというのである。そもそも、『井伊家伝記』をはじめ多くの記録では、井伊直親の殺害事件にも、小野但馬守が深く関与していると考えており、これが通説となっている。実際、小野但馬守と井伊直親の間柄は、よくなかったのであろう。直親の実親である直満は、但馬守の父・和泉守の讒言によって殺害されている。両者のあいだに因縁があったというのは、一面ではとてもよくわかる説明である。

小野氏を「悪役」に仕立てたほんとうの理由

遠江井伊氏の歴史において、家老の小野氏は、いつも「悪者」「敵役」とされた。小野氏は、井伊氏の家臣団のなかでも、今川家やほかの文化人たちとの交流をもっていたようだから、浮いた存在だったのであろう。ほかの家臣、たとえば奥山氏や伊平氏などとは、基盤としている地域が大きく違っていた。

ちなみに、小野但馬守が井伊谷を「押領」していた時期は、ほんとうにわずかな期間である。というよりも、この直後の永禄十一年（一五六八）十二月には、徳川家康による遠江侵攻がおこなわれている。これによって小野但馬守は、井伊谷を追われることになるが、不運といわざるをえない。結果としては、このとき、井伊谷城に井伊氏がいなかったということが、後に井伊直政の徳川家康への出仕をスムーズに進める前提となった。

しかし、よく考えてみると、小野但馬守の井伊谷「押領」は、自然なことであったのではないか。この時期、すでに中野直由は戦死していた。井伊直虎が存在していたものの、「次郎法師」として出家した身である（「次郎法師」は、還俗していないだろう）。こうしたなかにおいて、家老である小野氏が井伊谷を支配するのは、別に「謀反」ということにはならないのではないか。

ここでいまいちど確認しておかないといけないのは、江戸時代は徳川の時代だということである。家康を真っ向から批判することはできない。とくに、井伊氏のような幕閣の中心ともなると、家康と敵対していたという過去の歴史は、ある程度、修正されざるをえない。おそらく小野氏を悪役とすることで、井伊氏が徳川家康に敵対していないことを明示することにつながったのであろう。家康に従って井伊谷を侵略した近藤康用・菅沼忠久・鈴木重時の「井伊谷三人衆」も、小野氏を悪役に仕立てることによって、小野氏の支配から井伊谷を解放した功労者ということになった。小野氏一人を犠牲にして、家康・井伊谷三人衆、そして井伊氏の大義名分を確保することに成功している。なんとも都合のよい歴史である。

しかし、江戸時代はすでに終わっている。私たちは、もっと合理的な視点でこの事件を眺めなくてはならない。カギになるのは、このとき、井伊直虎はどこにいたのだろうか、という一点である。これについて、『井伊家伝記』は、次のように記している。

小野但馬、井伊谷を押領仕り候わけは、永禄十一年今川氏真より信玄防戦のため、井伊谷の人数召し連れ参向致すべき旨、そのうえ、直政公を失い奉るべき旨、小野但馬これを承る旨、井伊谷に於いて申し触れ、心ままに相計らい押領仕り候。祐椿尼公（直盛公後室）、次郎法師（直盛公息女、直政公養母なり）、井伊谷城内に御座なされ候ことなりがたきゆえ、龍潭寺中松岳院《しょうがくいん》と申す小庵に御引っ越し住庵なされ候。右松岳院は祐椿尼公の菩提所なり。天正六戊寅七月十五日に御遠行。

ここに書かれているように、小野但馬守が井伊谷を「押領」して以降、直虎は、龍潭寺中の松岳院で隠遁生活に入ったとみられる。この松岳院は、祐椿尼の菩提所である。天正六年（一五七八）に祐椿尼が亡くなって以降、直虎は、この松岳院にて実母である彼女の菩提を弔い続けたであろう。おそらくこれ以降、松岳院から出ることはなかったとみられる。

では、小野氏に対して批判的な『井伊家伝記』から離れて、思考をめぐらしてみよう。まず、井伊直虎が、永禄十一年（一五六八）当初から武田信玄や徳川家康と内応していたとは考えにくい。もし、内応があったならば、すぐにでも井伊谷城の「城主」として、井伊谷に戻されていたであろう。虎松（直政）を井伊谷に戻すことも可能であっただろう。しかし、井伊谷の地を任されたのは、三河の山間に勢力を張っていた有力豪族（土豪）の井伊谷三人衆の近藤氏・菅沼氏・鈴木氏であった。彼らについてはのちほど説明するが、それほど井伊谷と縁の深かった三名ではない。

つまり、客観的にみれば、直虎は、政治的な世界から引退し、龍潭寺へと戻ったという解釈ができるだろう。今川氏真と武田信玄とのあいだに緊張が走り、より安全な龍潭寺へと入ったというのが実状であろう。

というのも、『井伊家伝記』の記事では、何とも腑に落ちない点がある。まるで、井伊直虎を守るために、小野氏が犠牲となったようにもみえる。実際、あくまでも伝承ではあるが、遠州の有力国衆である浜名氏は、徳川家康の遠江侵攻の際に、側近である大矢氏にその支配を任せ、自身は逃亡したと伝えられる。同じようなことが、井伊氏でも起きていたのではないか。

井伊氏家臣団の深刻な対立

では、なぜ、小野氏が悪役とされるのか。私は、井伊氏家臣団のなかの競合が、こうした小野氏の排斥をまねいたと考えている。そのことを物語る史料として『奥山家古代記』（龍潭寺蔵）がある。このなかでは、中野直由が「親族相争発兵戦井伊谷敵軍不利走矣」という話が紹介されている。この史料も書かれたのは、幕末近くになってからであり、そのまま信用することはできないが、井伊氏の家臣団の内部にも、何らかの対立の火種があったことは、念頭においておく必要があるだろう。

この複雑な内部対立のなかで生じたのが、小野氏による「井伊保押領」であった。小野但馬守は、井伊虎松や直虎から城主の座を「押領」したわけではなかったのかもしれない。いずれにせよ、〝遠江井伊氏の家臣団は、対今川のために、みんな仲良く一致団結していた〟というのは幻想であろう。このことを前提としなくては、井伊氏のほんとうの歴史はみえてこない。

さて、小野但馬守が井伊谷を「押領」すると、すぐに徳川家康は、井伊谷三人衆とよばれる近藤・菅沼・鈴木の三氏を遣わし、井伊谷を奪還した。『井伊家伝記』によれば、三氏は、三河の宇利《うり》を出発し、富幕山《とんまく》を越えて井伊谷に侵入したという。防戦することもなく井伊谷城は落城し、小野但馬守は近隣に隠れた。しかし、翌永禄十二年、家康の堀川城攻めの際に見つけ出され、井伊谷で獄門にかけられた。その後、小野但馬守の二人の子供も処刑された。

「悪霊」となった小野氏

ちなみに、小野但馬守は、いつごろから悪者にされたのか。江戸時代の初頭（小野但馬守の没からまだ五十年も経っていない時期）に、すでに井伊谷には次のような伝承があったことが知られている。

一　但馬明神之イハレ、いにしへ井殿御代ニ小野但馬守ト申候而井伊殿家老人ト云々、井殿打死被成御跡犯略之砌《みぎり》あやまり之子細有之付而、井殿一紋衆ゟ《より》但馬守ニ切腹被仰付候由ニ候、其後悪リヤウト成、与惣左衛門子孫ニタヽリヲナサレ候付而、則荒宮と悦、社を立、先年之但馬屋敷ニ祭申候処ニ、彼地近藤石見殿御知行ニ成、内屋敷ニ成申付而、但馬殿古社ヲハ二ノ宮之敷知へ引申つる、然処ニ二ノ宮建立之次而を以、但馬殿社をも弥五左衛門建立申候、正保四年丁亥三月五日ニ二ノ宮御遷宮之上ニ而御タクヲ上ケ申候之次而ニ、但馬殿タクセンニ向後我ヲハ但馬明神ト悦候へ由、望ニ存候……

（「中井日記」中井家文書）

この記録は、「但馬明神」のいわれを示したものであるが（正保四年三月五日の二宮神社の遷宮にあわせて託宣）、小野但馬守が処刑された後に、「悪リヤウ（悪霊）」となって、中井与惣左衛門の子孫へと祟《たた》りをもたらしたという。なぜ中井氏に祟りを及ぼしたのかは不明であるが、中井氏が井伊氏の被官であったことが関係しているだろう。ちなみに、ここで書かれていることは、通説とはまったく異なるものである。というのも、通説では、小野氏によって井伊氏は排斥されたとするが、ここでは、井伊氏が小野氏を切腹させたことになっているのだ。小野氏が井伊氏と敵対したことは共通しているが、ずいぶんと意味合いが変わってくる。もちろん、史実であるかどうかはわからないが、おそらくこれを書いた中井直頼《なおより》の祖父の世代ぐらいは、小野但馬守についていろいろ知っていたであろう。中井氏の先祖も桶狭間で戦死した一人に数えられているので、顔見知りだったかもしれない。同じ井伊谷におり、井伊家に仕えていたことから、交流もあったと考えるのが自然であろう。そうすると中井直頼は、先祖からもしかしたら小野氏について聞かされていたかもしれない。そういう人物がこのような伝説を書き残していることを、どう理解するかは、判断のわかれるところであろうが、考えるべき一つの素材として提示しておきたい。

それにしても、なぜ、小野氏は、井伊谷を「押領」し、徳川氏の攻めを受け、十七世紀初頭には「悪霊」となったのだろうか。小野氏の実像については、次の章であらためて考えてみることにしよう。

家康の遠州入りと「井伊谷三人衆」

さて、ふたたび永禄年間の遠江の歴史を追っていくことにしよう。永禄十年（一五六七）、今川氏真と武田信玄による「甲駿同盟」が手切れとなったことにともない、武田信玄は翌年十二月、駿河への侵攻を開始した。駿河の有力国衆の多くが信玄に内応していたこともあり駿府は占領され、氏真は掛川城に逃れた。かねてより、駿河は武田に、遠江は徳川に、という今川領の分割統治が約束されていたといわれるが、信玄の動きにあわせて家康軍も遠江に向けて進撃する。永禄十一年十二月、三河岡崎城を拠点として勢力をつけてきた徳川家康が、遠江国に侵攻した。このとき、「案内役」となったのが、先に少し触れた奥三河の山間地帯に基盤をもっていたであろう「井伊谷三人衆」と呼ばれる、近藤・菅沼・鈴木の三氏である。徳川家康の侵攻経路については、本坂《ほんざか》峠説、宇利峠説など諸説あるが、この「井伊谷三人衆」が、家康の遠江侵攻の「案内役」となったということは、諸記録で一致しており疑いようのない点である。

彼らは、奥三河を領知していた土豪（あるいは国衆）の出自であるが、具体的にどこの城主としてどのような範囲を領していたのかは、記録がないため定かではない（じつは、この点こそが重要である）。「井伊谷三人衆」という名称（これが使われ出したのは、近世初頭）が混乱を招くが、もともと彼らは直接的に井伊谷と関係があったわけではないと思われる。もちろん、井伊氏や奥山氏などとのあいだに何らかの縁戚関係はあったであろうが、深い親交があったわけではないとみられる。「井伊谷三人衆」とは、あくまで、徳川家康に従って井伊谷を領知することになった三名、という意味でつけられた名称である。家康の遠江侵攻において、井伊谷がいかに重要な位置にあったかを逆説的に物語っている。

さて、家康が侵攻してくる永禄十一年十二月——このとき、井伊氏はどこにいってしまったのか。なぜ、井伊氏は、徳川氏に追随しなかったのだろうか。このあたりが、最大のナゾである。もちろん、小野氏が「井伊谷押領」をした状態にあり、井伊氏が排斥されていたと考えれば、おおよそ納得はできる。実際、『小野家系図』にあるように、井伊家はこのころ「中絶」の状態にあったのだろう。しかし、結果として、徳川家康とも今川氏真とも対峙せずに、この時期を乗り越えることができたことになる。なんだか都合の良すぎる話のようにも聞こえる。

では、この時期、井伊直虎はどこにいたのだろうか。当時、頭陀寺《ずだじ》付近に潜伏（？）していた虎松を頼って、浜松城付近に隠住していたのだろうか。それとも、「次郎法師」として龍潭寺にいたのか。私見では、後者の方が合理的であると考える。出家の身として龍潭寺に入っていれば、とりあえず身の安全は保障されていたであろう。

さて、客観的にみれば、徳川家康の遠江侵攻は、大した抵抗もなくスムーズに進んでいったかのようにみえる。この理由は、大きく三つ考えられるだろう。一つは、すでに今川氏は武田氏に対して敗戦の雰囲気が濃厚であり、抵抗する手段がなかったこと。二つめは、今川氏による遠江国支配が最初から盤石なものではなかったこと。そして、三つめは、徳川家康が「井伊谷三人衆」の案内のもとで、遠江国に侵攻したことであろう。

しかし、徳川家康の遠江侵攻においてもまったく抵抗がなかったわけではない。とくに、気賀町の抵抗は相当なものであったと考えられる。以下でみていこう。

気賀一揆

遠江国引佐郡気賀は、この地域でも最も先進的な地域であった。古くから流通の拠点として栄えてきたと思われるが、「都市的な場」として、今のような街並みが形成されたのは、戦国期からであろう。江戸時代には「気賀関所」が設けられ、交通の要衝として発展し、今日もなお面影を残す美しい街並みが形成された。徳川家康が浜松城を拠点としてこの地域全体を開発していく際に、重臣の本多作左衛門らが気賀町の開発に尽力した。このことは、当地の地方文書のなかの由緒書などから知られる。

では、江戸時代以前の気賀は、どのような様子であったのだろうか。おそらく、それまでは、都田川流域において自然発生的に定期市が開かれ、小規模な賑わいをみせていたであろう。ただし、京都―鎌倉往還の東海道筋から近かったこともあり、さまざまな情報や文化が行き来する先進地域であったことはまちがいない。

ちなみに、地元出身の有名な歴史家・作家である白柳《しらやなぎ》秀湖《しゅうこ》は、この地域のことを次のように説明していたという。

秀湖の説によると、気賀というところは、水滸伝の梁山泊に似た性格の土地がらで、南北朝の昔から必ずといってよいほど、住民は時流に反対の動きをしめしたものだそうだ。

私（＝秀湖：夏目補注）の幼い頃の記憶に依りますと、古老が信玄の城跡を指して物語りをする時にも必ず信玄様、信玄様と様付けに言います。家康のことは家康、家康と呼放しでございました。明治に入って静岡県一円が自由党に靡いた時にも、気賀だけは改進党を支持し、静岡県一円が政友会化した時も、気賀だけは進歩党の堅い地盤であったということを記憶いたします。（海道二十二駅）

よくいえば独立自主、悪くいえばへそまがり、そんな気風の反映かどうか、生家は菓子の製造小売を業としたのに屋号を「米屋」といい、軒を並べた伯父の家は、正真正銘の米屋であったが「柳屋」という、むしろ菓子屋の方にふさわしい屋号を称えていた。

（白柳夏男『戦争と父と子　白柳秀湖伝』日本商工出版、一九七一年、七頁）

白柳秀湖は、故郷である気賀周辺の歴史に強い関心をもっていた。「犬くぐり道」など、地元の史蹟の掘り起こしを丹念におこなったことで知られている。秀湖が指摘している通り、気賀では、家康よりも信玄の方が人気があり、実際、徳川家康が遠江に侵攻してきた際も、この気賀地域のみが徹底的に抵抗した。もちろん、江戸時代になると、徳川家康が神格化するために、表立って家康に対して批判的なことは言えなくなるが、それでも反家康の精神は、この地域に深く刻み込まれている。まずは、堀川城の戦いと呼ばれる、この一揆の経緯についてみていこう。

堀川城の戦いについては、たしかな記録がないため、諸説入り乱れている。永禄十二年（一五六九）三月二十七日に発生した戦いであり、今川氏真に最後まで忠誠を尽くしきった

「国衆」である大沢基胤《おおさわもとたね》に味方した地元の土豪たちとそれに追随した農民たちによる徳川家康への抵抗だと考えられている。具体的には、齋藤為吉・竹田高正・尾藤主膳・山村修理などの人物が、抵抗軍の中心となった。その被害は、きわめて大きく、『三河物語』では「男女ともにナデ切」にされたとあり、『浜松御在城記』でも「御討取、百八十四人」などとなっている。また、このとき、家康による冷酷な大量処刑がおこなわれたことも伝えられており、「獄門畷《なわて》」などの史蹟も残る。

このように、多くの気賀住民が処罰された理由はどこにあったのだろうか。単に、見せしめのためであったのだろうか。しかし、なぜ、徳川家康の侵攻に対して、気賀の住民のみが徹底的に抵抗したのだろうか。武田信玄の「間者」による陽動作戦であったという説が地元にのこるが、もっと、深い問題が隠されているようにも思われる。

ふつうに考えれば、旧勢力である今川氏——最後まで徳川氏に抵抗した国衆である大沢氏——の影響力が強かったことが要因として考えられる。今川氏が、都市を中核とした支配を展開していたことは先述したが、これもその文脈で理解することはできる。だが、当時の今川氏が武田信玄の攻撃によって壊滅状態になっていた情報は、気賀の住民も知っていただろうし、徳川家康の支配に抵抗する理由とはならない。では、なぜ、気賀の先進的な住民たちは、徳川家康の侵攻に反発したのだろうか。

それは、今川氏真・徳川家康に対する個人的な感情が問題だったのではない。だとすれば、家康が率いてきた人びとが問題だったのだろう。すなわち、「井伊谷三人衆」の存在が、気賀の人びとの反感を招いたのである。この事情については、第二章で詳しく述べるが、ここでは、都市に生きる気賀の人びとと、山に生きる「井伊谷三人衆」が従えた人びととのあいだに、根本的な対立構造があった点を指摘するにとどめておきたい。

しかし、いずれも後世に書かれた史料や伝承によるところが多く、定まらない。瀬戸方久についての記録も、残されている一次史料は決して少なくないが断片的であり、その生涯を史料によって明らかにすることは困難である。

いずれにせよ、都田川の水運に恵まれ、山間からの資源の流通拠点である気賀は、永禄年間までに次第に成長しつつあったことはまちがいない。「都市」とまではいえないが、「都市的な場」が形成されかけていた。こうした地域が、徳川家康の侵攻に対して、抵抗したということには大きな意味がある。それは、家康の遠江侵攻が、井伊谷三人衆という山で暮らす人びとの力を利用したものであったことにかかわるが、単純に支配者が今川氏から徳川氏に交替したという意味にとどまらず、遠江の社会構造全体を大きく転換させるものだったからであると考えられる（拙著『文明・自然・アジール』同成社、二〇一六年）。

三方ケ原の戦い

　さて、協力して今川氏真を排斥した武田信玄と徳川家康であったが、今川氏が滅亡すると、次第に対立を強めていくことになる。これによって生じた戦いこそが、有名な三方ケ原の戦いである。まずは、この経緯について、本多隆成氏の『定本 徳川家康』（吉川弘文館、二〇一〇年）をもとに概説しよう。

三方原古戦場碑（浜松市北区根洗町）

　元亀二年（一五七一）、北条氏康が死去したことにともない、武田氏と北条氏のあいだで同盟復活の交渉が開始された。これによって東方の憂いを断った信玄は、いよいよ西に向けて大規模な軍事行動に打って出る。信玄は、元亀三年十月三日、駿河から遠江に向けて出馬。別動隊として、山県昌景《やまがたまさかげ》・秋山虎《あきやまとら》繁《しげ》が信州伊那から青崩峠を越えて、三河・遠江へと進撃した。信玄の動きに対して、織田信長は、平手《ひらて》汎秀《ひろひで》・佐久間《さくま》信盛《のぶもり》ら三千余の兵を送り、十二月二十二日、いよいよ徳川家康・織田信長連合軍と武田信玄軍が三方ケ原台地で合戦となった。この戦いの経過はよく知られている通り、散々に敗北した家康は、浜松城へと命からがら逃げ帰る。夏目吉信《なつめよしのぶ》をはじめ、本多忠真《ほんだただざね》、鳥居忠広《とりいただひろ》、成瀬藤蔵《なるせとうぞう》など多くの徳川方の武将が討たれた。その後、信玄は、浜松城を攻略せず、さらに三河へ向けて進軍するが、途中で病に倒れ、志半ばで死去することになった。

では、本書の主役である井伊直虎は、この戦いをどこでどう見ていたのだろうか。残念ながら、この時期の井伊氏の動向はまったく明らかになっていない。直虎は、浜松城付近で匿われていたのではないか、との意見もあるが、実際には何もわからない。おそらくは、龍潭寺のなかで次郎法師として日々のお勤めをしていたのであろう。

ちなみに、井伊氏も三方ケ原の戦いとまったく関係がなかったわけではない。引佐を舞台に行われた前哨戦である「仏坂の戦い」では、井伊氏の姿も記録されている。まずは、この戦いの経緯について、小和田哲男氏の『三方ヶ原の戦い』(学研M文庫、二〇〇〇年)を参照して、みていくことにしよう。

武田信玄は、別動隊として山県昌景《やまがまさかげ》を大将とする総勢五千ともいわれる大軍を東三河に派遣した。当時の奥三河には、「山家三方衆《さんぽうしゅう》」といわれる作手《つくで》亀山城の奥平氏、田峯《たみね》城の菅沼氏、長篠城の菅沼氏の三氏が勢力を張っており、武田方についていた。山県昌景は、この「山家三方衆」を従えて、まずは、柿本城の鈴木氏の攻略に入った。この鈴木氏こそが、「井伊谷三人衆」として徳川家康につき従った鈴木重時とその弟重俊《しげとし》であった。

山県軍の多勢での攻撃を前にして、柿本城はあっけなく陥落し、鈴木氏は引佐方面へと敗走した。当時、伊平小屋に菅沼俊之と近藤石見守《いわみ》が籠っていたので、鈴木重俊らもこのなかに入った。元亀三年十月二十二日、山県軍は、伊平小屋城を攻撃した。これが、仏坂の戦いといわれるものである。井伊飛騨守、鈴木重俊が鉄砲にあたり即死。重俊は、このときまだ二十二歳であったという。仏坂の戦い後、山県軍は、伊平近辺にしばらく駐屯することになったが、次のような伝承がのこっている。

伊平に駐屯中の山県昌景の兵が、単騎で見回りに出ると何者かに殺されるという事件が何度かおこった。実際は、徳川方の近藤秀用《こんどうひでもち》と長瀬與兵衛《ながせよへえ》の二人が、「何とか武田軍に一泡ふかせてやろう」と、ひそかに伊平の山の中に潜み、巡見にまわってきた武田の兵を暗殺したわけであるが、そうとは知らない山県昌景は、これを農民のしわざと判断し、竹助という農民を捕え、これを首謀者ということにして殺してしまった。

それを聞いた近藤秀用と長瀬與兵衛の二人は、「これ以上、農民たちに迷惑がかかってはまずい」と、「武田の兵を殺したのは、われわれ二人である」と、立て札をたてたという。一説には、矢文《やぶみ》でこの旨を知らせたともいうが、とにかく、元亀三年十月から十二月にかけて、伊平は騒然とした状況であったことがうかがわれる。
(小和田哲男『三方ヶ原の戦い』、一七〇頁)

この逸話のもつ意味は、とても深いと思われるが、ここではそれについて触れない。まずは、山県軍に対する抵抗が、引佐地方でおこなわれたことを確認しておいてもらいたい。

虎松、家康へ出仕

さて、三方ケ原の戦いで敗北した徳川家康であったが、周知のように、武田信玄はこの戦い後に間もなくして亡くなり、武田軍は引き上げていくことになる。もっと具体的にいえば、刑部《おさかべ》という場所で越年してから、三河の野田城方面へと進み、そこで信玄は病死した。刑部で越年しているわけだから、三方ケ原の戦い後、しばらくは、引佐近辺に信玄軍が駐屯していたことになる。この間、井伊谷にも相当な被害があったことが、後の由緒書などで知られている(たとえば、井伊谷二宮神社の文書は、このときの火災にて焼失したと記録される)。

その後も、家康は、武田家を相続した武田勝頼《かつより》とのあいだで戦いをくりひろげていくことになるが、このあいだにも浜松城を整備するなど、遠江国の実効支配を強化していく。とくに、岡崎城を長男の信康に譲り、自身は、浜松城に拠点を移したことが大きな意味をもったと考えられる。その後、「浜松御在城期」といわれる家康の浜松城主時代は、じつに十七年に及んだ。

戦国大名権力である徳川家康が、浜松城に入ったことにより、それを中核とする城下町が形成され、遠江の政治・経済・社会的な核が、現在の浜松駅付近へと移った。それは、井伊谷やその北辺の地位を少しずつ下げていくことにつながったと考えられる。この地域から、城下町へと人口の移動も当然あっただろう。

こうしたなか、井伊氏も大きな方向転換を求められた。南渓和尚・祐椿尼、次郎法師ら三名の計らいによって、井伊直親の遺児である虎松を徳川家康へと出仕させる計画が進められた。この経緯について、『井伊家伝記』には、次のように記されている。

直政公、権現様へ御出勤のために浜松松下源太郎《まつしたげんたろう》宅へ御越しなされ候。御小袖二つ祐椿、次郎法師より御仕立て遣わされ候なり。天正三年二月、初鷹野にて御目見《おめみえ》遊ばされ候。早速召し抱えらるべきの御上意にて御伴、御城へ御入り遊ばされ候。すなわち、御前において、御尋ねの上、父祖の由来つぶさに言上せしむるの所に、驚かれ、台聴（＝家康）仰せ出され候は、実父直親は家康公が遠州発向の陰謀露顕ゆえ、氏真傷害致し、家康がために命を失い、直親が実子取り立てかなわざるの旨、すなわち、松下を相改め、直親の家名井伊氏に成すべき旨、また、権現様御童名竹千代様の千代を下され、千代万代と御祝い遊ばされ、虎松を改めて万千代と御名下され、直政公御伴仕り候。小野亥之助《いのすけ》に万福と申す名を下され、万千代、万福と御祝い遊ばされ下さり、千秋万歳めでたく御祝い、御上下御拝領。即座に三百石下され候事は天正三年直政公十五歳の節なり。

父である直親亡きあと、小野但馬守が井伊谷を「押領」すると、虎松は鳳来寺などでの流浪生活を余儀なくされた。虎松の母はまだ若かったこともあり、松下源太郎のところへ嫁いだ。そのため、虎松も「松下」を名乗っていた。右の引用にあるように、家康へ虎松が奉公することが決まると、直虎は、虎松のために衣服をつくろい、出仕の段取りを整えたという。

ちなみにここでは、家康が当初「井伊谷三人衆」ではなくて、井伊氏を「案内役」として遠州侵攻を企てていたことが暗に示されている。先ほど述べたように、今川氏真による井伊直親誅殺、それから小野氏による「井伊谷押領」もあり、結局、それはかなわなかった。その事情を不憫に思っていた家康は、井伊直親の遺児である虎松を取り立てたというのである。筋の通った話である。そして、天正三年(一五七五)、虎松の家康への出仕はかない、「万千代」という名が与えられ、即座に三百石が下された。

虎松の徳川家康への出仕は、おおよそ右にみたような経緯でおこなわれたとみられるが、これを起点として、徳川家康と井伊直政(虎松)の有名なドラマがスタートする。それについて、本書では省略させていただくが、やがて、井伊直政は、徳川四天王としてその名を天下に知らしめることになる。とくに勇猛果敢な武将として知られ、関ケ原の戦いでの働きに象徴されるように、戦場ではいつも先陣に立ち、また一方で、豊臣家や朝廷との外交工作にも定評があった。バランス型の武将であったといわれるが、家臣に対しては冷徹な側面もあったといわれている。いずれにせよ、徳川家康の信望が厚かったことは、いろいろな記録に残されており、江戸時代にはそれが流布している。

井伊直政と井伊谷、直虎

一方、虎松を徳川家康に託した次郎法師直虎は、その大きな役割を終えた。その後の彼女に関する記録は少ないが、おそらく「祐円尼」として龍潭寺中にて隠棲していたであろう。実母である祐椿尼が暮らした龍潭寺中の「松岳院」でその余生を過ごしたことが、

『井伊家伝記』には記されている。

井伊直政自身と井伊谷との関係はそれほど密なものではない。徳川家康に従い各地を転戦し、箕輪《みのわ》や高崎、彦根へとその領知を移していくなかで次第に遠江井伊氏の故郷である井伊谷とは疎遠になっていったであろう。実際のところ、井伊谷龍潭寺には、井伊直政に関連する文書はまったく残されていない。

龍潭寺と井伊直政との関係では一つだけその痕跡が知られるものがある。徳川家康が龍潭寺に判物を下した際、その背景には、直政の口利きがあったという。『井伊家伝記』は、次のように記している。

天正十四年八月六日、直政公、実母宗徳大姉一周忌の節御参詣遊ばされ候。すなわち、南渓和尚へ仰せ渡され候は、井伊谷の本知拝領の上は、寄進状の通りに龍潭寺領再び寄進申し候ゆえ、近藤、鈴木、菅沼の三家へ寺領相違なく相渡し申し候様に申し渡し候えども、なおまた、権現様御判物御頂戴遣わさるべき候旨仰せつけられて、すなわち、寄進状を御持参なされ、すなわち、権現様御前にて御披露遊ばされ、御判物御頂戴なされ下され候。

また、井伊直政にとって、「次郎法師寄進状」のもつ意味はきわめて大きかったようである。後年に書かれた史料であるが、龍潭寺文書のなかには次のような指摘がある。

龍潭寺寺領 幷《ならびに》 境内御手洗池、権現様御判物幷御朱印被成下候事ハ直政公天正三年浜松にて権現様江御出勤、天正十三年八月六日に直政公御母儀様御遠行、龍潭寺にて御取置、南渓焼香、直政公其節次郎法師御寄進状を御覧、御先祖歴代の旧地龍潭寺領退転仕らざるように思召し、次郎法師御寄進状御持参（披露）、権現様江言上、同天正十四年直政公御母儀様御一周忌の節、権現様御判物頂戴仕り候、右御判物幷次郎法師御寄進状別に写し申し候、御引合御覧……

（龍潭寺文書五八六号）

ここでのポイントは、「次郎法師御寄進状」（次郎法師文書）を永護院（直政の母）が死去したときに、井伊直政が実際に「御覧」になり、それを徳川家康にも見せた、という内容である。それによって、翌年、家康から判物が下されることになったというエピソードがここに記されている。これを書いたのは、ほぼまちがいなく『井伊家伝記』の作者である祖山和尚であると思われるが、おおむね筋の通った説明であろう。時期としても、一応の

龍潭寺に建つ井伊家歴代当主と正室の墓。右から二番目が直虎の墓（浜松市北区引佐町井伊谷）

整合性がとれている。「次郎法師文書」が、井伊谷のことをあまり知らなかったであろう井伊直政にとって大きな意味をもったことはたしかであろう。

直虎の最期

井伊直虎は、天正十年（一五八二）八月二十六日、息をひきとった。『井伊家伝記』には次のように記されている。

> 次郎法師は直政公実の叔母にして養母ゆえ、直政公御幼年の中より御世話なされ候。ことさら、天正三年権現様へ御出勤の節、御衣裳等まで御仕立て遣わされ候。龍潭寺中松岳院と申す庵に御老母祐椿尼公と一所に御座なされ候。天正十年午の八月廿六日に御遠行、法名妙雲院殿月船祐圓大姉。

直虎が没したのは、武田勝頼が自害し、中央では、天下統一を目前としていた織田信長が、本能寺で明智光秀に討たれ、羽柴秀吉が台頭していく時期である。こうしたなか、まるで、「政治のことは、私には関係ないこと」と言わんばかりに、彼女はこの世を去った。彼女は、遠江井伊氏の最後の惣領として、今も井伊谷に眠っている。しかし、彼女の享年は、いかなる史料にも残されていない。きっと、『井伊家伝記』の作者である祖山和尚もわからなかったのだろう。彼女の活動範囲は、引佐周辺のごく限られたものであり、その伝承もきわめて少ない。そのためもあって、彼女はやがて人びとの記憶から消えていくことになる。

第二章　直虎の正体――「山の民」「女性」「悪党」

井伊氏の正体――「山の民」

誰でもそうであるが、幼少期にどんな地域で育ったのかが、その後の人生や人格を大きく左右してしまうことがある。それは、戦国時代を生きた人びとも同じであった。というよりも、彼ら・彼女らは現在のような便利な移動手段をもたないため、今よりも一層土地柄（風土）に縛られる存在であったであろう。〝今の若い人は、土地への愛着が薄い！〟というご意見をもたれている方もきっと多いと思うが、前近代社会では自然と人間の生活は、まったく切り離せないものであった。もちろん、前近代の人びとも異文化間の移動をするだろうが、直面する自然環境が現在とはくらべものにならないほど過酷であるために、土地や自然との関係は深刻なものであった。食べる物が欠乏すれば餓死者が増加する。人間の生死や運命すら、自然が大きく握っていた。これは、現代社会を生きる私たちにとっては忘れてしまいがちな問題であるが、これを無視しては、歴史を語ることは許されない。その意味では、歴史のなかに生きた人を考える場合、まずは、その人が生きた風土や社会を知らなくてはならない。

直虎《なおとら》についてほんとうの意味で理解してもらうためには、まず、その大前提として、彼女が、山のなかで生まれ育ったという事実を真剣に考えていただかなくてはならない。直虎の生涯は、そのことを知らなくては、まったく意味をもたない。彼女は、都市でもなく、海でも湖でもなく、ほかならぬ引佐の山で育った。たしかに、彼女は、遠江《とおとうみ》の名門井伊氏の惣領である井伊直盛《なおもり》の一人娘としてこの世に生を受けた戦国のプリンセスである。しかし、彼女が育ったのは、山中である。彼女の住む引佐《いなさ》地方は、今でもかなり山深い地域である。この山で育ったという事実が、彼女の人生を生涯にわたって規定することになる。彼女だけではない。井伊氏とその郎党を含めた一族、すなわち、直虎の周りにいた多くの人物が、山で生きる人びとであった。つまり、いってみれば、井伊氏の歴史は、山で暮らす人びとの歴史であった。

山のなかで生活するということは、すなわち、狩猟・採集を主たる生計とすることである。稲作ではなく、畠作を中心とするということである。定住生活ではなく、遍歴を中心とする生活である。引佐地方の山々を拠点にして、三遠南信の山々を移動しながら生活する人びとの生活を思い描いてほしい。山で暮らす人びとは、一つのところに定住する必要は必ずしもない。より安全で、より安定して食べ物を採れる場所に移動していく必要がある。山の尾根を伝って、現在のわれわれが想像するよりも自由に活発に広い範囲へと遍歴していた彼らの活動範囲は、必然的に広くなる。おそらく、近世以前には、飯田方面から引佐地方まで、秋葉《あきは》街道などを経由してわりと広い範囲に移動していた人びとがいたのであろう。行商をしたり、山でとれる資源を用いて職人として生きたり、彼らのなかには、いわゆる非農業民が多い。一般的に農業民たちは、定住生活をする。その土地に定住し、「家」を形成していくため、史料が残りやすい。しかし、非農業民である彼らは、史料を残さない傾向にある。そのため、彼らの存在形態は、断片的にしか知られない。ただし、時に彼らの存在が、水面下で歴史を動かしてきたのである。私はそうした人たちのことを「山の民」と呼びたい。そして、その「山の民」こそが、井伊氏の歴史を知る、大きな手掛かりの一つとなる。

「山の民」を統率する井伊氏

そもそも、一般的に、中世日本の山間部は、「山賊」たちが跋扈《ばっこ》する世界であった。引佐地方に限らず、前近代の山は魑魅魍魎《ちみもうりょう》が暮らす不可侵な領域と考えられ、都市民（たとえば、平安貴族を想像してもらいたい）が近寄りがたい空間であった。だからこそ、山岳修行に励む僧侶たちは、人智を超越した者として、畏怖や尊敬の対象となったのである。「山の民」の一部は山賊化したであろうが、多くの者は、職能民として非農業を主とする生活を送っていた。それらすべてを統率する首長の存在があったであろう。その一つにして、かつ当地において最大の勢力を誇ったのが、井伊氏であった。

引佐地方には、こうした「山の民」の生活がうかがえる痕跡が、少ないながらもいくつか残されている。とくに、古くからこの地は修験者《しゆげんじや》たちの活動がさかんであった。ここで、その史蹟一つ一つを紹介することはできないが、当地に多く残る行基伝説《ぎようき》は、その痕跡をよく物語っている。

そのうちで最も有名なものが、引佐町四方浄《しほうじよう》を行基の出身地とするものである。当地の縁起によれば、行基の母は、中田郷（四方浄）の出身であり、それを知った行基は、この地を訪ね、四体の仏像を刻み、川名・的場・伊平《いだいら》・別所の四ヵ所にこれを安置したという。この四ヵ所の中心にあるのが、四方浄という集落である。国道二五七号線を北上していくと伊平から仏坂《ほとけざか》を経由して四方浄を抜ける旧道がある。この旧道沿いには、古代から中世にかけての遺跡が数々みられる。そのなかで、行基にまつわる伝説が残されていることは興味深い。

こうした「山の民」の伝承を表象的にあらわしているのが、奥山半僧坊《おくやまはんそうぼう》（方広寺《ほうこうじ》）であると考えられる。奥山半僧坊は天狗を祀っているが、これは「山の民」たちによる「山の神」信仰にもとづくものと解釈できるであろう。奥山半僧坊が、近隣の「山の民」の信仰の結節点になっていることはまちがいない。

くりかえしになるが、井伊氏はそんな山間部を拠点に生業を営んできた「山の民」たちを統率する一族の首長であったと考えられる。もちろん、遠州・奥三河・南信濃の山間部には、井伊氏だけではなく多くの首長がいたであろうが、引佐地方は、古くから井伊氏によって統率されてきた。それは、言い換えれば、井伊氏が引佐の山を束ねる首領（ボス）であったということになる。「山の民」である井伊氏は、引佐地方の雄大な自然のことを熟知しており、当然、三遠南信の山間部の移動手段をよく知る人びとであったのだろう。

こうした感覚は、実際に現地をみなくてはわからないところがある。現在も、引佐町より北辺、寺野《てらの》から巣山《すやま》近辺には、山間に小規模な集落が点在している。民俗芸能の宝庫としても注目を集めてきた地域であるが、そのなかには山伏や修験者たちの生きてきた足跡を垣間見ることもできる。この地を押さえることが、遠江国と三河国を支配するうえでいかに重要であったのかもわかるだろう。この地の豊富な資源を手に入れることは、その支配を志す戦国大名たちにとって重要であった。井伊氏の背景には、この地に生活の基盤をおいていた「山の民」の力があった。

従来とはかけ離れた遠江井伊氏像

しかし、この考え方は、「井の国」の王、あるいは「湖の雄」としての従来の常識的な遠江井伊氏像とはかけ離れたものである。さらに、井伊直虎についてのほとんど唯一の記録『井伊家伝記』の叙述とも大きく矛盾しているように感じられる方も多いだろう。『井伊家伝記』自体は、享保《きようほう》年間（一七一六〜三六）に執筆されたものであり、同時代のものではない。よって、必ずしも史実を反映しているとは理解できないことは、多くの論者がすでに指摘していることでもある。

しかし、誤解してもらいたくないが、私は、龍潭寺《りようたんじ》住職の祖山《そざん》和尚が龍潭寺の保身のために由緒を創ったとか、無知であったとか、そういうことが言いたいのではまったくない（祖山和尚の活躍については、拙著『近世の地方寺院と地域社会』〈同成社、二〇一五年〉で論じてある）。『井伊家伝記』は祖山和尚が、十八世紀前半の引佐地方に伝わった口伝《くでん》を収集し、かつ、龍潭寺に所蔵されている古文書を突き合わせて当時の常識のなかでそれらを整合的に論じたものとして、高く評価できるであろう。しかし、祖山和尚が生きた十七世紀後半から十八世紀前半は、直虎の生きた時代からすでに百年が経過した時期であり、時代状況はずいぶんと変わっていた。井伊谷《いいのや》三人衆の一人である近藤氏が井伊谷を領有し、やがてその子孫たちが分割してこの地を統治するようになった。旗本近藤氏の地方支配の中核となる陣屋が井伊谷や金指に置かれ、政治の中核が、旧引佐町の南部（平野部）に移っていった。こうした常識から祖山和尚は引佐地方の景観を理解していたのであろうが、中世における引佐地方の政治的状況は、祖山和尚のときとは、まったく異なるものだったと考えられる。

ただ、井伊氏が「山の民」である証拠は、この『井伊家伝記』のなかにも、わずかながら生きている。『井伊家伝記』のなかでは、引佐地方の北部山間のことがたびたび触れられている。たとえば、直親《なおちか》が渋川東光院へと落ち延びる際にも、東黒田山中を経由している。このほかにも、ことあるたびに「山中」という言葉が、『井伊家伝記』のなかにみられる。『井伊家伝記』は、江戸時代に書かれたものであり、必然的に（おそらく、無意識のうちに）井伊谷中心史観が貫かれているが、それでもこれを書いた祖山の意識に、井伊谷北部に広がる「山中」の存在が含まれていることに気がつく。

そもそも、引佐郡はその全域がかつて「井伊郷」とされていた。これはもちろん、井伊氏と関係しているであろうが、井伊谷に拠点をもっていたのでは、これだけ広い北部山間地帯を治められたとは到底思えない。井伊氏は、もともと引佐北部の出自であったか、あるいは拠点をもっていたと考えるのが妥当であろう。在地の豪族である井伊氏のもとには、それに従う多くの家来がいたであろう。彼らの生活基盤は、まちがいなく引佐地方の山間部に置かれていた。すなわち、遠江井伊氏は、典型的な「山の民」だったのである。

ここで井伊氏が、「山の民」であった根拠をいくつか示してみることにしよう。

「山の民」と非農業民

「山の民」という表現は、聞きなれない方も多いだろう。基本的には、海で生活をする人たちを「海の民」、都市で暮らす人たちのことを「都市民」などと考えた場合、奥深い山奥で暮らす人たちのことを「山の民」といっているだけである。歴史学や民俗学の領域における成果、たとえば、井上鋭《とし》夫《お》氏の『山の民・川の民』（平凡社選書、一九八一年）などもあるが、とりあえず、ここでの「山の民」とは、山での生活を主なものとし、「都市民」や「平地の民」とは異なる生活様式で暮らす人びとのことを指す。

なぜ、こうした区別をする必要があるのか。それは、前近代の「山の民」の生活形態が、「都市民」のそれとは大きく異なるものであったからにほかならない。彼らの生活の基盤は、稲作・農耕に置かれていない。山で暮らす以上、農耕による安定的な食物の確保はなかなか見込まれない。畠作中心になるか、もしくは、山の資源を利用して鍛冶《かじ》や大工、細工などをして生計をたてることになる。中世史家の網野善彦氏が注目されたいわゆる「非農業民」、「職能民」としての生活形態である。彼らの生活は、より安定的な場所を求めた遍歴型になりやすい。だから、史料も残りにくいのである。

以前、私は、龍潭寺の過去帳を分析し、そこに職人が多い（女性も多い）ことを指摘したが、これこそまさに「山の民」の特徴をよく示していると考えている。井伊家に追随した人びとの多くは、非農業民であり、「山の民」であった。

地蔵・観音と「粟餅」

さて、引佐地方の「山の民」の様子を示してくれる史料は、ほんとうに少ない。しかし、中世の説話集のなかに次のような記録がみえるので一つの参考にしていただきたい。

遠江国伊奈佐ノ郡奥山ニ田ノ草ト云所アリ。鹿猿ナド多キ山里ニテ、粟畠《あわはた》作ル事アレドモ、ミナ食シ失ヒ、手ヲムナシクスル事ナルニ、王大夫《おうたいふ》ト云男、古キ堂ニ、地蔵ト観音ノヲハシマスニ、「今年ノ粟《あわ》、鹿猿ニクハセデ、守リテ、タビタラバ、秋粟餅シテ、マイラセン」ト、ナヲザリニ申シタリケル。

誠ニスコシモ鹿猿クハズ其ノ外ノハ如例。コノ事打ワスレタリケルニ、冬ノ比《ころ》ニ、ワカキ僧二人ヲハシマシテ、「何《いか》ニ。『粟マホリテ、獣ニクハセズハ、餅シテ、クレフ』ト、イヒシニ、マホリテクハセヌニ、我ヲバスカシタルゾ」ト、仰ラルトミテ、大ニヲドロキテ、婆《うば》ニカタリ、ヤガテイソギ餅シテ、マヒラセケリ。コノ事語リ、餅モ地頭ノ処ヘ持来テス丶メケル。

カノ男モ見、餅モクヒタル、地頭ノ女ノ尼公ノ物ノ語リ也。仏ハタヾ人ニ申様ニ物モ申。心ザシモ人ノ如ク思ヘバ、応身ノヲモテハ、人ニタガハズ、フルマハセ給也。

近キ不思議也。

（『雑談集　中世の文学』三弥井書店、一九七三年、一九三〜一九四頁）

簡単に要約すると、引佐郡奥山田草というところは鹿猿などの多い山里である。粟畠などをつくっても、鹿や猿に食われてしまう。王大夫という男が、地蔵と観音がいらっしゃる古い御堂に「どうか、今年の粟を鹿猿からお守りください。もし守っていただければ秋に粟餅をお供えします」とお祈りした。そうすると、鹿猿に食われることはなかったという。そのことをすっかり忘れてしまっていたが、冬の頃になると、夢に若い僧二人が出てきて、「どうして『粟を獣から守ったら餅をお供えする』と言ったのに、だましたのか」とおっしゃった。大いに驚いて、老婆に話すと、すぐに粟を餅にしてお供えした、と。この粟餅を地頭のところへも献上した。これは、地頭の女の尼公の物語であるという。この引佐郡奥山というのは、奥山半僧坊のある引佐町奥山周辺を指している。当時の引佐地方の人びとは、鹿や猪などと共生していた。この「粟餅」の話は、山での生活をよく示していると思われる。「餅」は、めったに食べられない貴重なものであった。だからこそ、地蔵・観音もこれを欲したのだろう。中世の引佐地方の山村集落の様子を知る貴重な記録といえよう。

「山の民」としての井伊直平

さて、井伊氏の問題を考えるうえで最も重要なのが、直虎の曾祖父にあたる直平《なおひら》をどのように理解するかである。

第一章ではあまり深く紹介しなかったが、『井伊家伝記』は、この奇妙な男の最期を次のように記している。

> 氏真《うじざね》、掛川の城にて直平尻打の段吟味なされ候所に、直平公、すなわち、新野左馬助《にいのさまのすけ》を以て、白須賀不慮の出火の旨申され候。これによって、氏真より右の過誤に遠州八城山城主天野左衛門尉《あまのさえもんのじょう》（氏真に従わず）、直平に相攻むべき旨申され候ゆえ、遁《のが》れず請負申され候間、出陣の支度なされ候所に、直平公の家老飯尾豊前守《いいおぶぜんのかみ》妻、天野左衛門と縁者豊前へ相すすめ、夫婦同心にて直平公へ逆心、直平公出陣の節、豊前が妻直平公へ茶を進め申し候所に、その茶毒にて、直平公先勢《せきぜい》は遠州国領蔵中瀬まで参り候所に、直平公、有玉旗屋の宿にて惣身すくみ落馬、毒死なされ候。惣人数引馬《ひくま》へ引き退き候所に飯尾豊前守一味同心の輩を相催し、大手を固め籠城仕り候。此の節は井伊家直平公ばかりゆえ、直平公家来も毒死の上、多くは皆々豊前に一味同心申し候なり。

これによれば、井伊直平は、今川氏真からの指示を受けて、八城山城の天野氏を攻めるための準備をしていた際に、家老である飯尾豊前守に毒をもられた。そのため、直平は有玉旗屋の宿にて落馬して亡くなった。このとき直平の家来たちも同じく毒死したという。

井伊直平が、今川氏に比較的近い立場であり、引馬城主であったことは、諸記録の伝承で一致している。そうすると、この時期の井伊氏は、今川氏の傘下で大きな繁栄をしていたことになるが、第一章でみたように、一族のなかには反今川氏の一派もあった。

「山の民」と「町の民」の話からすれば、井伊直平は、「山の民」と都市民の中間を生きた境界人であったといえるだろう。「山の民」の出自でありながら、今川氏に奉公し、「町の民」を指揮する立場にあった。そこにはいろいろな矛盾があり、家臣のなかには不満も鬱積していたことだろう。実際、引馬城主としての直平の活動は、ほとんどの記録から落ちている。

さまざまな伝承を綜合的に判断すれば、井伊直平という人物は、今川義元・氏真からの信頼を得て、今川家の家中へと取り込まれた。出自としては、井伊谷よりも川名や伊平近辺の山間部に地盤をもっていたようであるが、井伊直宗《なおむね》や直満《なおみつ》、そして南渓《なんけい》和尚の親ということで、遠江井伊氏の中心人物であることはまちがいない。ただし、引馬城主をつとめていたこともあり、井伊谷との直接的な接点は、じつは薄かったのではないかとも思われる。井伊氏のなかには、武士被官化（官僚化）していく一派と、国衆《くにしゅう》として地元に勢力を張る一派と、二つのグループに分かれていたことが確認できる。つまり、井伊直平の頃には、すでに井伊氏の惣領は、井伊谷城主としての側面ではなく、今川氏の家臣としての活動が主となっていた。これは、井伊氏の惣領筋である直宗・直盛が、いずれも今川氏に従って戦死していることからも明らかである。その意味では、当時の井伊氏が今川氏の繁栄のなかで「都市民」化していたことはまちがいないだろう。しかしながら、こうした動きに対しては、古くから井伊氏に従う人びとのなかに、潜在的な反発もあったであろう。井伊直満事件や直親事件の背景には、そうした潜在的な不満もあったと思われる。

「山の民」と山犬信仰

さて、「山の民」の特徴は、「山の神」を祀るところにある。これは、先ほども述べたように、引佐地方の場合、奥山半僧坊に典型的に見いだすことができるが、ここでは別の角度から、「山の民」の信仰をみてみよう。それは、「オオカミ」である。引佐町出身の著名なジャーナリスト松尾《まつお》邦之助《くにのすけ》氏が、著書『引佐町物語』のなかで興味深い話をしている。少し長くなるが引用してみたい。

引佐町の大昔はどうであったか。どんな種族が住んでいたのだろうか。おそらく、森や草原でおう《（ママ）》われていたであろう。いずれにせよ、有史以前のことは杳《よう》として分らないが、最近、東京の国立科学博物館の長谷川善和氏から送ってもらった資料によると、日本の狼の化石が、静岡県引佐町井伊谷の西北、白岩附近と、栃木県と、山口県で発見されている。数年前に、静岡県引佐郡引佐町、谷下の河合石採場で発見されたものは、いま、同科学博物館に寄贈されているが、この化石から判断すると、引佐町井伊谷の東北、谷下の石灰洞で一週間もかかって取り出したという化石狼と、青森県のものは、量的にも、保存状態からも、代表的なものであるという。とすると、古代に、引佐町は、狼の沢山いたところということになるが、徳川時代の末期あたりまで、日本には、狼でしかない「ヤマイヌ」がいたことは事実であり、戦国の武士など引佐の山路で、柴犬ぐらいの大きな「ヤマイヌ狼」に出逢ったであろうことが想像される。いずれにせよ、日本の狼は、原因不明のまま明治初期に絶滅している。

（松尾邦之助『遠州郷土誌 引佐町物語』国書刊行会、一九八一年、二五～二六頁）

松尾氏が指摘しているように、一九七〇年代に引佐町谷下地区の十万年前の地層から発見された化石オオカミは、二〇〇〇年に東京都昭島《あきしま》市で約百七十万年前のオオカミの化石が見つかる以前は国内最古のものと考えられていた。

「ヤマイヌ」（オオカミ）にまつわる伝説は日本各地にあるが、遠州から信州の山間部にかけてみられる伝説がとくに興味深い。浜松市水窪《みさくぼ》町にある山住《やまずみ》神社が有名であるが、引佐町の三岳《みたけ》神社にもオオカミにまつわる伝説が残されている。また、「ヤマイヌ」の存在は、江戸時代の遠江でも確認されている。たとえば、元文《げんぶん》二年（一七三七）十二月には、天宮野村の太助という農民が、市場からの帰り道、「山之犬」に遭遇し傷を負ったことが記録に残っている（『静岡県史』資料編12近世四―四〇九号）。江戸時代の遠江山間の人びとにとって、「ヤマイヌ」は身近な存在であった。

なかでも、山住神社に残る「山犬信仰」の逸話は、この地域の特徴をよく示している。これは、昔、徳川家康が武田信玄に追われて山住に隠れていた際に、山全体が揺れ動くような「ヤマイヌ」たちの遠吠えが聞こえ、驚いた武田軍が退散していった。そのため、家康は、山住神社を厚く保護したというものである。この由緒は、さまざまなかたちでいわれるが、山住神社が「ヤマイヌ」信仰の中心点であったことはたしかである。そして、江戸時代を中心に、山住神社の「ヤマイヌ」は、焼畑農耕の守り神として、その信仰を集めることになる。明らかにこれは、焼畑を中心に生計を立てていた「山の民」たちの古い信仰に基づくものだと考えられる。そして、それが、徳川家康を助けたという伝説のもつ歴史的な意味はきわめて大きい。

ヤマイヌにまつわる「しっぺい太郎伝説」「早太郎伝説」

「ヤマイヌ」伝説としては、見付《みつけ》（静岡県磐田市）と光前寺《こうぜんじ》（長野県駒ヶ根市）に残っている「しっぺい太郎伝説」「早太郎《はやたろう》伝説」も興味深い。次のような話である。

今からおよそ七百年前、光前寺に早太郎という強い「ヤマイヌ」が飼われていた。そのころ、遠州見付（磐田市）の天神社では祭りの夜に、村の娘を神前に人身御供として捧げる風習があった。これは、怪物（年老いた大ヒヒ）に対して生贄《いけにえ》を捧げるものであったという。この大ヒヒを退治したのが、光前寺の早太郎であった。早太郎は、怪物退治に疲れきり、光前寺に戻るとやがて亡くなったという。

静岡県磐田市（見付）と長野県駒ヶ根市（光前寺）の間には、相当な距離がある。この両市にこの民話が伝わっていること自体が興味深い。両者の移動は、おそらく秋葉街道を経由するルートがとられたのであろうが、これはたいへん険しい道のりであった。しかし、両市をつなぐ古い伝承があるということは、この往還を利用する多くの人びとの存在が背景にあったと考えざるをえない。また、「しっぺい太郎伝説」は、引佐町にも残されている。というのも、「しっぺい太郎」が退治したヒヒは、引佐の観音山に住んでいたというのである。つまり、次のようにいう。

又観音山は霊犬執平《しっぺい》太郎（一名早太郎）で名高く、信濃の駒ケ根、磐田の見付天神を結ぶ広範な伝説が古くから伝えられている。その怪物を退治したのが観音山であった。その故に古くは見付天神で祭礼が行なわれるに当り、先ず観音山で祭祀が行なわれ、この御神体を迎える事によって見付天神祭が施行されたという事をみても執平太郎の伝説の本処であった事が立証出来る。人々は山の霊獣狼を犬神様と称し野獣除けや、人にとりついた狐を追い払うため、観音山に執今坊の大権現を祀り広範な伝説をもとに多くの信仰を集めていったものであり、その歴史はかなり古いものと考えねばならない。

（『伊平の史話と伝説』伊平の歴史と文化を守る会、一九九二年、二七頁）

磐田で怪物ヒヒを討ち取った「しっぺい太郎」は、修行僧六部とともに久留女木《くるめき》の観音山のいちょうの木の下で野宿していた。すると、「しっぺい太郎」が憑《つ》かれたように六部にとびかかってくるので、六部は刀を抜いて「しっぺい太郎」の首を切り落とした。ふと気がつくと、六部の足下には、大蛇が息絶えており、その首に「しっぺい太郎」の首が嚙みついていたという。観音山の頂上には「しっぺい太郎」の祠がある。

これら山犬話は、井伊氏と当地の歴史を考えるうえで、きわめて重要であると、私は考えている。「ヤマイヌ」は、自然そのものを表象していると同時に、自然界と人間界の境界を生きる存在といえる。これらの山犬伝説は、まさにそれを物語っている。

「ヤマイヌ」を信仰の対象とする人びと、「ヤマイヌ」と密接に共存しつつ、山での生活を続けてきた人びと、そうした「山の民」たちが、中世の引佐地方で実際に暮らしていたのである。そして、彼らを取りしきっていたのが、中世の遠江井伊氏であった。こう考えてくると、井伊直虎が暮らしていた世界は、ほとんど、宮崎駿《はやお》監督の映画『もののけ姫』の世界だったということができるかもしれない。ついでながら、映画『もののけ姫』と、井伊直虎の時代の共通点と異質点についてもまとめておくことにしよう。

映画『もののけ姫』の世界と直虎

先に述べたように、直虎の周囲には「ヤマイヌ」がごく当たり前のようにうろついていた。遠州地方の江戸時代の古文書のなかには、夜道、「ヤマイヌ」に襲われたという記録もたまに見かけるが、直虎の時期の引佐地方には、確実に「ヤマイヌ」がいた。彼女もおそらく「ヤマイヌ」のことを聞いていただろうし、もしくは目撃していたかもしれない。

幼少期の彼女は、そうした過酷な自然のなかで暮らしてきたと考えられる。

この話を拡張していくと、直虎の暮らした世界は、まるで、映画『もののけ姫』の世界そのものであったことがわかってくる。『もののけ姫』とは、宮崎駿監督の代表作の一つであり、自然と人間の調和と戦いを描いた国民的映画である。タタリ神を退治して呪いを受けた主人公のアシタカは、村を去り旅に出て、やがて鉄をつくる村であるタタラ場へと到着する。タタラ場を指揮するエボシ御前は、シシ神の森の開発に乗り出すが、そこに住む山犬に育てられたサンという人間の女性に命を狙われる。シシ神を殺し、森を支配しようとする人間と、それに対する自然の力を描いた作品である。舞台設定は、南北朝〜戦国期（石火矢《いしびや》〈鉄砲〉が開発されていることから十六世紀中頃以降と考えられる）の社会を描いたものといわれるが、直虎が活躍した時代の遠江は、この世界そのものだったと思う。「タタラ場」のような集落が山間に形成され、自然との戦いが生まれる。引佐町の場合、おそらく、その原初的なものが北岡から三岳周辺もしくは伊平周辺に存在していた。地元で「伊平鍛冶」と呼ばれるものは、まさに「タタラ場」のイメージと重なりあう。井伊氏は、こうした「都市的な場」を足掛かりとして成長してきた。同じ要素は、天竜地区の国衆たちにもみられる。

さて、映画『もののけ姫』のなかで、ひときわ目をひくのは、「タタラ場」が女性中心の社会であったこと。そして、そのリーダーが、「エボシ御前」といわれる女性であったことである。

「エボシ御前」には、井伊直虎と共通するところがいくつもある。彼女は、非農業民を率いて、自然に隣接する場所に拠点をおきながら、自然の克服を目論む。石火矢の開発を進め、「シシ神の森」を取りしきる「シシ神」の退治（神殺し）を試みる。石火矢の開発が進んでいることから、戦国時代が舞台とされていることがわかるが、実際には、もっと古い社会（南北朝期）を舞台としているようにも見える。そのあたりの時代設定がつかみにくいが、この話全体が、自然と人間（文明）との戦いを描いたものである点に、ある種のリアリティを感じるのは私だけではないだろう。

今日を生きる私たちは、自然なるものが、やがて、文明なるものに征服されていく歴史を知っている。自然なるものの代表格であった「もののけ姫」や、自然を克服しようと試みる「タタラ場」の生活も、やがて滅ぼされていく運命にある。網野善彦氏の言葉を借りるならば、遍歴型の社会（未開）から定住型社会（文明）への転換ということになるだろう。中世の社会をある意味で象徴する、自然に寄り添いながら成長してきた一族である井伊氏もまた、滅亡する運命にあった。

歴史を動かした「山の民」

さて、「山の民」の姿を追うことはじつに難しい。奥三河や奥遠州、南信濃に残る民話や伝説、民俗芸能などにその足跡がうかがえるだけで、古文書の世界でこれを追うことはとても難しい。しかし、彼らは知らず知らずのうちに、歴史を動かしてきた。

直虎よりも二百年ほど前の南北朝時代。引佐地方では、宗良《むねよし》親王を擁した井伊家によって、北朝方との抗戦がくりひろげられていた。この宗良親王を三岳城に匿《かくま》って抗戦した人びとの多くは、井伊氏をはじめとした、「山の民」であったのだろう。だからこそ、彼らは、遠江における戦況が悪化してくると、越後国（駿河国ともいう）や信濃国へと容易に宗良親王を逃がすことに成功したのだ。「山の民」である彼らは、三遠南信の山のルート（秋葉街道）に精通していたはずである。

もちろん、これは、井伊氏が直親を信州へと落ち延びさせたこととも関連している。第一章でも述べたように、井伊谷から信州高森町までの旅路は、奥深い山をかき分けて進まなくてはならなかった。これができたのは、井伊氏が「山の民」であったからにほかならない。この地域の歴史を陰で動かしてきた「山の民」の実像が明らかになったとき、はじめて当地の古代・中世社会は、リアリティをもつだろう。

中世の引佐における女性の位置

さて、中世社会において井伊氏やその周辺、あるいはそれに従う人びとの多くが、引佐地方の雄大な自然のなかで育った「山の民」であったことをみてきた。そして、その特徴の一つには、明らかに女性中心の社会――「母系制」に近い社会――の存在が見え隠れする。

ちなみに、「山の民」たちが信仰する「山の神」は、女性である。「もののけ姫」をテーマにおこなわれた宮崎駿氏と網野善彦氏との対談で、網野氏が次のように述べていることからもわかる。

網野　山の神は「おこぜ」ともいわれて醜女なんですが、製鉄の神の金屋子神《かなやごがみ》は白鷺に乗ってくる女神なんですね。そこからイメージをつくられたわけではないんですか。

（『歴史と出会う』洋泉社、二〇〇〇年、一四五頁）

ここで考えないといけないのが、遠江井伊氏は菩提寺の建立などにおいて、女性が祀られる場合が多い事実である。たとえば、久留女木の如意院《にょいいん》は、井伊直宗の妻浄心院によって開かれたものであった。また、興覚寺《こうかくじ》は、井伊監物朝光《けんもつともみつ》の「慈母」を祀るために建立さ

子抱き観音（浜松市北区引佐町田沢）

れたものであり、天文年間の今川義元による判物も残されている。

　このように考えると、もともと井伊谷周辺には、母系重視の思想があったようにも思われてくる。それは、先ほど紹介した説話集（地頭の尼の物語）からもうかがえる。

　引佐地方の中世の人びとが、女性を神聖な宗教的存在と考えてきたことの残影は、各地にある。時期の特定はできないが、引佐町田沢には、母子をかたどった子抱き観音が残されている。

　井伊谷龍潭寺の場合も、直虎の実母である祐椿尼《ゆうちんに》が、龍潭寺において重要な役割を担っていたことが知られる。井伊直政《なおまさ》を徳川家康に出仕させるうえで、祐椿尼と直虎が中心的な役割を担っていたことは、まさにこうした特徴を象徴的に示している。

女性中心社会の残影

「山の民」であることと、女性中心社会であることとのあいだには、論理として有機的な連関があろう。おそらくそこには、豊穣の女神（地母神）としての位置づけや女性の職人（内職）としての実質的な活動など、さまざまな社会的要因があった。この点については、今後の実証研究に任せることになるが、引佐地方にはそうした社会の残影がいくつもみられることはまちがいない。第一章で軽く触れた右近次郎の「蛇」の話も、後家となった右近次郎の妻の「怨霊」によるものであった。これも、こうした文脈で考えてみるとたいへん興味深い。

こうした社会的基盤のなかで、「女城主」といわれる井伊直虎の活躍もみていく必要があるだろう。彼女の活躍は突発的・偶然にあらわれたわけではない。直虎が「次郎法師」として出家したことの意味について、この文脈から考えてみたい。

松源寺（長野県下伊那郡高森町）

第一章でも述べたように、直虎は、直親が信州松源寺《しょうげんじ》に隠住しているあいだに、南渓和尚のもとで出家して「次郎法師」となったとみられる。この経緯については、『井伊家伝記』にも記されているが、なぜ、彼女が出家しなくてはならなかったのか、その点には疑問が残っている。

しかし、先にみたような引佐地方の慣習からして、女性である直虎が「次郎法師」として出家したことの意味は大きかった。もともと直虎には、井伊直盛の一人娘であるという「カリスマ性」があったが、出家したことによって活動の幅を広げることが可能になったと考えられる。

「次郎法師文書」が語るもの

ここで「次郎法師文書」を思い起こしてほしい。そもそも、このなかには歴代井伊家の菩提所の名前が列記されていることが目につく。直虎自身がこうした秩序を再編することによって、井伊家の惣領筋を明確化し、一族の結集をはかろうとしたのであろう。これは、直盛の娘である直虎だからこそ可能であった。また同時にこの「次郎法師文書」は、井伊谷内の屋敷地・所領を細かく明示した内容にもなっている。まさしく、井伊谷の「領主」としての直虎の存在を示したものである。

また、「次郎法師文書」のなかには、次のような一節がある。

寺領之内、於非法之輩者、理非決断之上、政道者担《ママ》那候間可申付、家内諸職等之事者、為不入不可有旦那之綺之事

「寺領のなかで、非法をはたらいた輩については、理非決断のうえ、政道は旦那より申し付けるべきこと、家内諸職などのことは、不入として旦那のいろいあるべからざること」、つまり寺領のなかで犯罪行為をはたらいた者については、政治のことがらに関しては旦那（井伊氏）が処罰について判断する。それ以外については、旦那（井伊氏）は仲裁しないという内容であろう。「アジール」とは、犯罪者などがその場所へ入り込むと、それ以上、罪を追及できなくなるような治外法権的な空間のことを意味する。この場合も、寺に犯罪者などが入り込んできたとき、領主権力が勝手に処罰することはできず、寺院が「理非決断」をする、ということが明文化されている。

文脈からすると、「理非決断」する主体は、住持であると考えられるから、これはまさしく寺院のアジール権を認めた内容となっている。

なお、「次郎法師文書」は、次郎法師から南渓和尚へと渡された形式となっている。両

者の個人名でこれがやりとりされており、両者の親密性をうかがわせるものだと考えられてきた。私もその通りであると思うが、一方で「直虎」ではなく「次郎法師」名でこのやりとりをしていることが注目される。直虎は、「旦那」からも「住持」からも離れた超越的な立場で、難しい井伊谷内の領地分割を可能としたのである。

さまざまな点から判断して、次郎法師が井伊家の宗教的支柱となったことによって、辛うじて、井伊氏はその一族としての結集を維持することに成功したといえるであろう。戦国大名権力ではない井伊氏が、領主としての自立性を維持していくためには、自身のカリスマ性を示す必要があったであろう。そのなかで、龍潭寺を「聖地」化すること――これは井伊直平の目標であったとみられる――が重要な課題であった。その使命を担わされたのが、井伊直虎であった。

「母系制社会」としての引佐地方

中世の遠江井伊氏は、やや難しい言葉でいえば、「母系制社会」の傾向があったと考えることができる。浄心院の例からもわかるように、宗教と密接にかかわっている。女性の神聖性については、これまでにも多くの研究があるからここでは触れないが、井伊氏惣領の夫人たちが、宗教的な祭祀に深くかかわっている点に注目しておく必要があるだろう。

第一章のはじめで、東光院の『回向簿』に、祐椿尼・浄心院・祐円尼《ゆうえんに》（直虎）の三名が並べて記録されていることを示したが、これにも大きな意味があったであろう。

もちろん、この傾向を「母系制社会」であるとまで言い切ることはできないだろうが、それでも古代から中世にかけてその傾向は、とくに強かったのではないか。今ある「井伊家系図」は、すべて江戸時代になって作成されたものであり、ここでは男性中心社会が強調されている。幕藩制国家は、大奥などの例外はあるものの、その表社会は、男性中心型の社会構造である。とくに、幕閣の超大物であった井伊家などは、その代表格であった。もちろん、井伊氏に関する諸記録のなかでは、女性のことはあまり記されていない。だから、江戸時代に書かれた遠江井伊氏の歴史のなかに、女性重視の思想を見いだすことは困難であるが、たしかにそれはみられる。

この傾向は、井伊氏だけをみていてもよくわからない。井伊谷龍潭寺の戦国期の過去帳には、女性の名前が多く載せられている。そして、その多くは、職人として名前がみられる。

こうした社会のなかで、直虎は必然的に生まれてきたのである。というのも、井伊直平の後、井伊氏は一族の分化が進み、一族を維持するのが困難になっていた。女性である直虎は、一種の「アジール」的な性格から、その中核となり得たのである。また、その直虎が、龍潭寺に入って宗教者となったことも、この文脈で理解できる。

では、井伊氏をボスとする引佐の「山の民」は、そもそもなぜ引佐地方をナワバリとすることになったのか。なぜ、あのような人里離れた山間部に住むようになったのだろうか。この問題について、考えをめぐらしていきたい。

まず、最初に当地に入った人びとは、山岳修行を専らにする修験者たちであったと考えられる。引佐地方には、行基菩薩にまつわる、かなり具体的な信仰が残っていることは、先述した通りである。また、もう一つ古代・中世の引佐地方を知る手がかりとして、「伊平鍛冶」の問題がある。これこそが、まさに、井伊氏の成長を支えていた「山の民」の中核であったと考える。少しみておこう。

伊平鍛冶と「山の民」

もう一度、映画『もののけ姫』の世界に戻っていただきたい。先ほども述べたように、『もののけ姫』の主要な舞台は、山間につくられた「タタラ場」という製鉄を中心とした集落である。ここでは、女性の存在が強く、男どもはつねに尻にしかれているという。

かなり前のことになるが、福士幸次郎という詩人が『原日本考』(白馬書房、一九四二年)という本を書き、「鉄の古代史」という構想を提示してみせた。これは、なぜ人は山のなかで暮らすのか、という疑問(引佐地方もそうであるが、日本のあちこちで、人里離れた場所に集落が形成されていることが多い）に対して、鉄資源を求めて山へ入っていったのではないかという仮説を投げかけた。当時、多くの歴史学者に無視されることになったこの議論について、ここで、もう一度真剣に考える必要があるだろう。

すなわち、古代、中世社会に引佐地方へと最初に入っていった人びと、山岳修験に続いてこの地へと入ってきた人びと、彼らの多くは、おそらく鉄資源を求めてこの山に踏み入った、職人集団だったのではないだろうか。たしかに、三岳山周辺には「鉱山」の跡地が点在している。また「焼石橋」など、石材や木材などをはじめとした自然資源を用いた生業を匂わせる地名や字名《あざ》が目につく。

「伊平鍛冶」のような職人集団の存在が、井伊氏のような強大な一族を生み出した根源であるという説は、地元に以前よりあった。たしかに、大きな軍事力を得るには、資金源となる資源が必要である。鉄は武器にもなるし、農具にもなる。狩猟・採集には欠かせない道具である。南北朝期の戦いのなかでも、鉄は重宝したであろう（実際、南朝の居城から鉄製の武器が発見されている）。

そう考えると、「青葉の笛」を奉納した井伊直親、川名福満寺に鐘を奉納した井伊直虎、これらの行為もまったく別の説明ができるような気がする。すなわち、遠江井伊氏と「鉄」の関係も、重要な問題であると考えられる。また、引佐地方は、中世の「鰐口《わにぐち》」が

火を扱う民俗芸能「川名ひよんどり」

多数残されていることでも知られている。これもこうした文脈から考えていく必要があるだろう。

引佐地方の「山の民」の祖先が、鉄を求めて引佐地方をナワバリにしたと考えることもできるであろうが、今のところそれらはすべて仮説としか言いようがない。「火」を扱う民俗芸能との関係などから、この問題をもっと掘り下げていくことも可能だとは思うが、これ以上は、今後の課題としておくことにしよう。

なぜ、井伊氏は「山の民」を統率できたのか？

ではなぜ、井伊氏はこうした「山の民」たちを統率し、首領として力を発揮しつづけることができたのであろうか。次にこの問題を考えてみる必要がある。それを解き明かすヒントは、南北朝期の宗良親王との関係にまで遡る。すなわち、「権威」の問題が、これに深くかかわっていると思われる。

かつて網野善彦氏は、朝廷に食料や手工芸品などを献納する供御人《くごにん》らが、天皇の権威を笠に着て各地を遍歴していったことを明らかにしたが、井伊氏の場合も、それに通じるところがある。すなわち、閉鎖的な社会・辺境にあればあるほど、中央社会への志向は、当然に強くなってくる。

前近代の孤立した農村社会をイメージしてみよう。このなかで暮らす人びとにとって、事実を疑うことはきわめて困難である。疑うだけの情報や根拠を得ることができないため、一つの情報を信じ込みやすくなる。たとえば、村の有力者が「これは平家落人《おちうど》のものだ」といえば、それが永久に伝承されてしまうこともあったであろう。「平家落人伝説」などが「隠れ里」と呼ばれる辺境地帯に多く残されていることは、このことをよく物語っている。

地域支配の正統性を担保する「権威」

さて、井伊氏の場合、敗北したとはいえ、南北朝期に宗良親王という朝廷権威に接触する機会を得たことは史実である。このことは、さまざまな記録に残ることもあり、かなり広く知られていたと考えられる。つまり、井伊氏は宗良親王との由緒を獲得した旧家であるという認識が、かなり共有されていたであろう。また、先述したように井伊氏はその系図の源を「藤原」氏に求めている。これは後世に創られたものだと考えられているが、実際にはかなり古くからこうした認識はあった。引佐地方の村鎮守にみられる棟札《むなふだ》のなかで、井伊氏は明確に「藤原」を称している。

また、井伊氏の始祖共保《ともやす》が、在庁官人としての由緒をもつことにも注目したい。後の時代になるが、井伊直政は、徳川家臣団のなかで唯一「兵部少輔《ひょうぶしょうゆう》」の地位を得て、朝廷との取次役としての立場を確立する。これが、徳川家臣団のなかで井伊氏が出世していく大きな要因となったと考えられるが、その遠因は、遠江井伊氏の時代、もっといえば「山の民」の時代からみられたものであろう。

井伊氏がもっていた、朝廷（南朝）とのつながり、その「権威」が、地域のなかに広く認知され、「支配の正統性」が維持されてきたと考えるのは、不自然ではないだろう。もちろん、井伊氏の系図が後世のある段階で創作された可能性はきわめて高いが、井伊氏が古くからの家であることは揺るぎのない事実であり、由緒という点においては、他家と比較できないものがあった。こうした井伊氏のもつ由緒が、「支配の正統性」として一定程度機能した可能性はじゅうぶんにあったであろう。

このことは、網野善彦氏がかつて提起した非農業民論——山野河海に対する天皇の支配権——とのつながりから理解できるところである。もちろん、網野氏の分析は供御人らに対してのものであるが、それはそのまま「山の民」である引佐地方の人びとにもあてはまるだろう。遍歴する社会に生きる人びとは、つねに自己証明をする必要があり、由緒を必要とする。その際に、宗良親王とのはっきりとした由緒をもつ井伊氏とのつながりは、彼らにとってどうしても必要なものである。「山の民」にとって、井伊氏の「権威」は、自らの生業活動をおこなっていくためにも、頼るべきものであったと考えられる。

こうした由緒意識は、その後も、井伊谷町の中井氏などに継承されていくことになるが（拙著『近世の地方寺院と地域社会』）、いずれにせよ、「山の民」に対して「支配の正統性」を示すには、天皇・朝廷権威が大きな効力を果たしたことはまちがいない。

引佐地方では、十六世紀前半につくられた鰐口や棟札のなかには、「藤原」を称する井伊氏の存在がみえる。これは、地域の住民に対して、井伊氏が「藤原」と称していたことを示すものである。なぜ、地域の人びとに対して「藤原」を名乗ったのか。その答えもここから自ずと知れてくるだろう。

井伊氏の変質と一族の対立

井伊氏が「藤原」姓を地域に対して主張しつづけてきた点について触れた。しかし、すでに第一章で述べているように、十六世紀に入ると井伊氏の家臣団内部における対立が表面化するようになっていたと考えられる。その結果が、直満・直義、そして直親の誅殺事件へとつながっていったと私は理解している。

この対立が生じてくる根本的な要因としては、「山の民」としての井伊氏が、次第に、「町の民」、「都市民」化していったこととと関連しているであろう。おそらく、井伊氏のなかには、最初から二つのグループがあった。一つは、中央志向型で、今川氏との関係を重要視する一派である。おもに「太郎」などを称する惣領筋がこちらの派閥であった。もう一方で、地元との関係性を重視する地方志向型の一派もあった。これが、井伊家の庶流派ということになるだろう。

遠江井伊氏の歴史は、とくに駿府の今川氏の強大な権力の影響下において、中央志向型が惣領として生き残っていくことになった。また、井伊氏が井伊谷や祝田《ほうだ》地域など「都市的な場」に拠点を置くようになると、どうしても「都市民」としての要素をもたなくてはならなくなる。都の文化や技術をよく知る有力な武士や新興商人などとの交流が深まれば自然と最先端の文化の影響を受けるようになってくる。その一方で、引佐地方の雄大な自然のなかで暮らす人びとのことは、どうしても蔑《ないがし》ろにされがちとなったのではないか。

アジールでなくなった北部山間地域

何度も述べているが、地図の上でみれば、井伊氏の支配した領域は狭いもののようにみえるかもしれないが、実際に井伊領を歩いてみれば、その広大さには目を見張るものがあるだろう。とくに、井伊氏の大きなバックボーンである引佐地方を中心とした三河・遠州の山間部は、地図上ではわからない奥深さがある。とても、井伊谷に拠点があったのでは、この地域全体を掌握することは不可能であっただろう。井伊氏が井伊谷や祝田に拠点をもつようになると、次第に山間部、すなわち「山の民」の存在価値が井伊氏のなかで減退してくる。それは、その地域に基盤をもつ在地の豪族たちの不満というかたちで表出することになったのであろう。

井伊氏が徐々に引佐地方の北部との関係性を希薄化させていったことを端的に物語るエピソードが、井伊直政（虎松）の逃避行である。井伊直親の嫡男である虎松は、政治的な問題から父と同じく逃避行をしなければならない立場となるが、虎松の行き先と亀之丞（直親）のそれとは大きく異なる。『井伊家伝記』が伝えていることを事実とするならば、虎松は、龍潭寺、鳳来寺、そして頭陀《ずだ》寺付近（現在の浜松駅付近）の松下家で養育されることになった。直親のときのように、渋川など引佐地方の山間部へと逃げることはなかったのである。それは、井伊氏にとって引佐地方の北部山間（あるいは、信州へのルート）が、「アジール」ではなくなったことの証左といえるであろう。

また、井伊氏の本質が変貌してくると、家臣団のなかにも「山の民」の性格を強く有する一族と、比較的都市に近い「町の民」のタイプの家臣とのあいだで意見の対立が生じることになったであろう。それが、小野氏と中野氏・奥山氏らの対立となって表面化しているのではないか、と私は考える。

第一章では、十六世紀前半に連歌師の宗牧《そうぼく》が井伊氏を訪ねてきたときの話を紹介した。そこで、小野和泉守が、宗牧の接待をしていたことに触れたが、小野氏一族は、その立場から「都市民」たちとの交流も多かった。小野氏が「町の民」「都市民」であったことを最もよく表しているのが、「小野家系図」にみられる「小野正賢《まさかた》」の立場である。すなわち、次のようにある。

正賢　八右衛門後改八郎右衛門
永禄六年井伊家中絶ノ後、居所不定。元亀《げんき》年中に至て鐘鋳場《かねば》の家を開基す。年齢忌日不詳。法名慈隠常瀬居士

いわゆる「鐘鋳場」は、井伊谷の地籍図のなかにもみられるもので、井伊谷町の端（現在の「井伊谷上」交差点付近）にあった。この後、「鐘鋳場」小野家は、弟の正親《まさちか》に引き継が

れていくが、小野氏の「都市民」としての性格をよく表しているとみえる。

一方で、奥山氏、伊平氏、それから中野氏などは、古くからの「山の民」たちを代表する存在であったと考えられる。とくに、奥山氏は、その名の通り引佐近辺の奥山地方にその基盤をもっていた。明らかに「山の民」の要素が強い一族であったとみられるが、井伊直親亡き後の中野氏と小野氏の対立には介在していない。これは、この時期になると、山に基盤をもつ奥山氏の勢力が衰えていたことを物語っているであろう。戦国時代の「国衆」としての井伊氏は、十六世紀の前半から後半にいたるまでのあいだに、次第に「山の民」から「町の民」へと転換していったのである。このことをふまえて、第一章でみた井伊谷徳政の問題について、さらに深く考えることにしよう。

井伊谷徳政のほんとうの意味

井伊氏の歴史を「山の民」の歴史と捉えたとき、今川氏真が施行した徳政令と、それに対する直虎の態度についても別の角度からの見解が得られる。ちなみに、網野善彦氏は、「徳政」について次のように述べた。

徳政もまたその延長上にあると言えよう。それはあくまで土地・所領の関係において人をとらえようとする「農本主義」に支えられた法の世界であるが、その源流は、列島の社会にはじめて「文明」的な国家を確立した律令制の儒教的な「農本主義」に遡るものと思われる。

（「転換期としての鎌倉末・南北朝期」『網野善彦著作集』第六巻、一八九頁）

網野氏がいうように、徳政が「文明」の作用とするならば、今川氏真が実施しようとしたことも、まさに「文明」の行為であったといえるだろう。

先ほどから述べているように、井伊氏は、もともと「山の民」として自然のなかに暮らしてきた一族である。たしかに、祝田周辺の惣百姓たちは、徳政の早期実施を切望していたであろうが、「文明」の対極にあった井伊氏にとっては、まさにそれは抗すべき事態であった。もちろん、「次郎法師」として龍潭寺にあった直虎にとっては、多くの祠堂銭《しどうせん》（寺院に寄付する供養費。これを元手に金融も行われた）を納める瀬戸方久《せとほうきゅう》ら「銭主《せんしゅ》」たちの既得権益を守ることも重要であったのだろうが、何よりも人を土地に縛り付けようとする「文明」の行為に対しては反発しなければならなかったのであろう。それは、まさに井伊直虎自身が、「自然」に出自をもつ女性であったからであろう。今川氏の意志に断固として反対している精神の背景には、たしかに、瀬戸方久ら新興商人の利益を守るという側面もあったであろうが、もっと潜在的な問題があったようにも思われる。

しかし、彼女も最終的には徳政令の実行を了承せざるをえなかった。「銭主」らの利益を守ったうえでのことではあったが、彼女もまた「文明」という名の新しい時代の渦のなかに包摂される運命であったのである。その意味では、彼女の存在は、時代遅れであったともいえるかもしれない。

しかしながら、彼女は、長いあいだ私たちが「中世」といってきた社会の最後の生き残りとして、遠江の歴史の表舞台へと登場したのであった。その点に留意しながら、彼女がどういう存在であったのか、さらに深く考えていくことにしよう。

今川氏はなぜ井伊氏を滅ぼさなかったのか?

さて、こう考えてくると、「山の民」である井伊氏と、「都市民」である今川氏は、まったく相反する立場にあったことがわかってくる（この点については、拙著『文明・自然・アジール』を参照のこと）。というよりも、井伊直虎が「中世」の象徴だとするならば、今川氏や徳川氏はどのように考えることができるのだろうか。

ここからは完全な私見であるが、今川氏は、「近世」へ向けた権力であったであろう。分国法（戦国家法）である『今川仮名目録』の整備や周縁に対する支配への志向、井伊直平らを用いて権力基盤を強固なものにしていったことは、江戸幕府の官僚制機構につながり得る重要な萌芽であったと考えられる。

しかし、その今川氏の権力をもってしても、今川義元のカリスマ性をもってしても、遠江国全体を支配下に置くことはできなかった。もちろん、ある程度の影響力をもつことには成功しているが、それでも実効力をもつ支配には至っていない。結局、今川氏は、井伊氏の力なくして「山の民」たち――すなわち、遠州北部の自然――を支配できなかった。ここには、偏見と同時に、自然なるものの力（網野学説でいう「原無縁」の力）に対する畏怖があったと理解できる。一方の井伊氏の方には、今川氏のような外部権威がなければ、「山の民」たちをほんとうの意味で制御しきれないという弱み――文明へ依存せざるをえない傾向――があったのではないか。それらの均衡のなかで、当地の南北朝〜戦国期の動乱は展開してきた、と私は考えたい。

だから、今川氏は井伊氏を完全に滅ぼすことはできなかったし、しなかったのである。井伊氏は、南北朝以来何度も滅亡の危機に瀕している。宗良親王を奉じて北朝軍とたたかった際も、斯波《しば》氏について今川氏と争った際も、井伊城（三岳城）が陥落し、ほとんど滅亡した状態であった。しかし、事実として井伊氏は生き残った。その背景には、隠れ蓑となるべき圧倒的な自然が存在していたからである。すなわち、これだけの危機を井伊氏が乗り越えられたのは、井伊氏が拠点を置く引佐地方の山々が、「都市民」たちの「文明」の手が届かない、「未開」の地域であったからにほかならない。

今川氏にとってみれば、「山の民」を率いる井伊氏のトップを粛清することによって、この地方の治安維持につとめようとした側面もあったであろう。しかしながら、今川義元の時期には、井伊領に対して具体的に何かを仕掛けるようなことは基本的にはなかった。ただ、井伊氏を軍事行動に参加させることは多かった。周縁に住み、野性的要素の強い井伊氏の軍勢は、今川氏にとって利用しやすかったのであろう。

今川氏と徳川氏は何が違ったのか

さて、今川氏の時代は終わった。永禄十一年（一五六八）十二月、徳川家康は三河から遠江へと侵攻することになる。このとき、本坂峠《ほんざか》を経由したのか、宇利峠《うり》を通ったのか、二説に分かれているが、このとき案内役を担ったのが、「井伊谷三人衆」と呼ばれる近藤・菅沼・鈴木の三氏であったことは諸説で一致している。彼らはいずれも奥三河から遠江にかけての山間部を拠点とする一族であった。要するに、彼らもまた井伊氏と同じく、南信濃・三河・遠江の山間部をよく知る「山の民」の族長的な存在であったと考えられる。だからこそ、家康の道案内役をつとめることができたのである。

第一章でも触れたように、彼らは井伊氏とも井伊谷ともそれほど関係はなかった。「井伊谷三人衆」という言葉が、彼らの存在をわかりにくいものにしているが、彼らは〝井伊谷を占領した三氏〟であって、〝井伊谷にゆかりの深かった三氏〟でも、井伊氏の家臣でもなかった。地元の側からすれば、あくまで「征服者」であった。

もちろん、彼らの功績は高く評価されている。『井伊家伝記』などの多くの記録によれば、井伊谷を押領した小野但馬守から井伊谷城を解放した功労者のような書き方がなされている。もちろん、そうした側面もあったかもしれないが、「井伊谷三人衆」が江戸時代に高く評価されるようになったのは、将軍となった徳川家康の存在と、三人衆の一人である近藤氏が、旗本として引佐地方の「領主」（「地頭」と呼ばれる）を担うようになったことにちなむ。彼らの高い評価は、書くときに、よほどのバイアスがかかったと考えられる。

徳川家康は、「井伊谷三人衆」や井伊直政を巧みにその権力基盤に引き込むことに成功した。それは、遠州から奥三河に広がる雄大な自然のなかに君臨する有力豪族たちの勢力を味方につけたことを意味する。

これこそが、今川氏と徳川氏の大きな違いであった。つまり、今川氏が「周縁」においた「山の民」を、徳川氏は権力の中心に置くことによって遠江の支配を盤石なものとしたのであろう。その意味で、徳川家康の遠江侵攻が、井伊谷を経由しておこなわれたことの歴史的な意味はきわめて大きい。永禄十一年は、遠江国の歴史の画期であったということができるだろう。

右近次郎の正体――「悪党」

さて、ここで謎に包まれた「右近次郎」の正体について考えておきたい。先ほども述べたように、井伊直親を襲撃した犯人といわれる右近次郎については、渋川寺野の近辺にさまざまな伝承が残されている。没後、「怨霊」となったという「右近次郎」とその妻の話は、とても印象的だ。地元には、二人を祀る塚も立てられている。

これについては、別の言い伝えも残っている。それは、おおむね次のような話である。

引佐地方の山奥には、右近次郎という弓の達者な侍が住んでいた。山へ入り、鳥や獣を射れば失敗することはなかったという。たくさん獲物がとれたときには、村の人びとにもわけてくれたという。しかしこの右近次郎は、じつは殿様から疎まれているというわさがあった。

ある雪の日、殿様が狩にやってきた。そのとき、赤い頭巾をかぶった右近次郎が案内役となった。山の奥へと入り、谷間へ出た時、殿様の侍たちが赤い頭巾をかぶった右近次郎をめがけて一斉に弓を射た。右近次郎は、その場に倒れて亡くなった。村人たちは、右近次郎のことを憐れんで墓をたてて丁重に葬った。それから数年後、その墓のあたりから、ときおり赤い頭巾をかぶった蛇が姿を見せるようになったという。

おおむね右のような話が地元に伝わっている。お気づきであろうか。この伝承によれば、「右近次郎」は、典型的な「山の民」として描かれているのである。弓の名手というのは、武士の象徴であると同時に、狩猟の達人であったことも意味している。ここでの「右近次郎」は、明らかに後者の性格が強い。「赤い頭巾」を象徴とするその風貌も、どことなく、映画『もののけ姫』の「アシタカ」に似ているようにも思われる。それは、あくまでイメージの世界であるが、「山の民」の一つの特徴をよく示したものである。

すなわち、この伝承の構造は次のように整理できる。まず、「山の民」として、とくに秀でた能力をもつ「右近次郎」。しかし、村の領主は、こうした右近次郎のことを「悪党」として危険視していた。それを受けた村人たちは、右近次郎をだまし討ちにしてしまう。つまり、領主や村人たちが、かつてこの地に住んでいた先住民である「山の民」の存在を否定し、消滅させてしまった。明らかにここには、時代の移り変わりが含意されている。

「山の民」の要素を失っていく井伊氏

第一章で、「次郎」とは、井伊氏の惣領の名だと述べた。この文脈だと、右近次郎とは、井伊氏の惣領そのものである。すると、「をこの（バカな）次郎」は、井伊家の当主に対する批判が込められた名前だということになる。もっと深読みすれば、本来ならば、井伊直親ではなく、惣領になるはずだった別の「次郎」のことを暗示しているようにも読める。私見では当時、井伊氏の家督相続をめぐっての争いが燻《くすぶ》っていたと理解しているから、これはその暗喩としての意味をもっていたと解釈することもできよう。つまり、この話には、井伊氏宗家の跡継ぎをめぐる争いが含意されていたのではないか。直親は血筋からいえば、井伊直満の子であり、惣領筋ではない。それに対する反発がこうした伝説となって残存したとすれば、じつに興味深い（もちろん、言葉遊びに過ぎず、実証性はないが）。

しかし、先にみた「右近次郎」＝「山の民」の構図にしたがえば、まったく違う歴史がみえてくる。つまり、この場合、「右近次郎」は、「山の民」の生き残りであったが、領主の裏切りによって殺害されたという。すなわち、渋川地域における「山の民」の消滅を暗示した内容になっていることがわかる。たしかに、近世初期の新田開発によって、当地にも近世村が形成され、もともとあった住民の生活形態は一変し、やがて、「山の民」は、消滅・同化させせられていったであろう。この伝説は、そうした社会構造の変転を示したものだと理解することも可能である。実際、寺野近辺では、十六世紀後半には、伊藤一族を中心として村の開発がおこなわれている。今も、伊藤一族による村の開発神話は、当地にしっかりと記憶されている。新たな近世的な「村」が開発されていくなかで、「山の民」の存在は、次第に消えていくことになったのであろう。

さて、井伊直親襲撃犯人説と領主による裏切り説の二つの右近次郎伝説をどのように統一的に理解すべきだろうか。いずれの説をとっても、「右近次郎」が、「山の民」であることは揺るぎない事実である。すなわち、井伊氏が「山の民」としての要素を失っていく歴史が、この物語のなかに記憶されていると考えればおおむね合点がいくであろう。悲しいかな、時代に取り残された「山の民」の典型である「右近次郎」は、領主から「悪党」と認識されてしまい、むなしく殺害されてしまうことになった、といえるであろう。

引佐地方の「悪党」

「悪党」という言葉から読者のみなさんは何を連想するであろうか。多くの人びとは、強盗や殺人犯など凶悪な犯罪者のことを思い浮かべるであろう。また、歴史に詳しい方のなかには、南北朝期を中心に活躍した楠木正成《くすのきまさしげ》らの姿を連想された方もいるだろう。とくに戦後の日本中世史研究では、民衆たちをリードして歴史を変革していく主体として「悪党」の活躍が注目された。「悪党」は、犯罪を繰り返す輩《やから》ではなく、権力に抗して民衆（大衆）に支持された存在として高く評価されるようにもなった。ここでいう「悪党」は、ちょうどその中間といえる。

永禄から天正年間にかけて、引佐地方にもたくさんの「悪党」が出没した。そのことは、桶狭間の戦い直後に今川氏真が龍潭寺に発給した次の文書から明らかである。重要な文書なので、原文のまま引用しておこう（八〇頁の写真）。

遠州井伊谷龍潭寺之事

一彼寺為直盛菩提所新地令建立之条、如令直盛寄進時、寺領以下末寺等迄、山林四壁竹木見伐等堅令停止之事

一諸末寺雖為誰領中、為不入不可有相違、然者末寺看坊爾申付者、越訴直望坊主職儀令停止之事

一門前在家棟別諸役等、一切免除之、直盛云私所云無縁所、不準他寺之間、可為不入事

一祠堂銭買地敷銭地取引米穀、国次之徳政又者地頭私徳政雖令出来、於彼寺務少茂不可有相違事

付地主有非儀闕落之上、恩給等令改易者、為新寄進可有寺務也、

一悪党以下号山林走入之処、住持爾無其届、於寺中不可成敗事

右条々、任直盛寄進之旨、於彼孫永不可有相違之状如件、

永禄三庚申

八月五日　　　　　　　　　　　　　氏真（花押）

龍潭寺

（『静岡県史』資料編7中世三―二八一〇号、傍線引用者）

この史料の基本的な内容は、「龍潭寺領を従来通り認めますよ」という、いわゆる「寄進状」の形式である。ポイントは、「悪党以下山林と号して走り入りの処、住持にその届なく寺中において成敗すべからざる事」という文言である。これは、悪党などが寺に入り込んだ場合、住持の許可を得ず勝手に成敗してはいけない、という意味であり、アジール権を認めた内容である。

ここで考えなくてはならないのは、「悪党」とは誰か、という問題である。もちろん、これは、今川氏が発給した文書であるからあくまで今川氏からみて「悪党」である。つまり、根っからの凶悪犯ではなく、今川氏に反発する人びとのことを指している。

結論からいえば、私はこの「悪党」と一くくりにされている人びとのなかに、引佐地方の「山の民」が、かなり含まれているのではないかと考えている。十六世紀後半は、右近次郎に象徴されるように、引佐地方の山間部には大きな変化が起きていたと考えられる。これまで遍歴型の生活をしていた人びとが、次第に山地の一部に集住し、集落を形成し、自治的な「村」を営むようになる。それに馴染まない多くの「山の民」は、井伊谷や祝田周辺などに形成された「都市的な場」に入り込んだ。彼らのなかには、そうした新しい生活に馴染まず、堕落し悪事に走り、領主に追捕《ついぶ》されそうになって龍潭寺に駆け込む人びともいたであろう。ここで「悪党以下」と呼ばれた人びとのなかには、そうした人びとも含まれていた。

さて、このころの龍潭寺の「住持」は、南渓和尚であったが、直虎も次郎法師として龍潭寺に在住していた。こうした「悪党」たちの世話を直虎が担った可能性もある。彼女は、逸脱してきた多くの「悪党」たち――そのなかには「山の民」に出自をもつ者が含まれていただろう――の受け皿となったのではないか。もちろん、これは史料で裏付けることができない話であり、あくまで仮説に過ぎない。もっとも、寺院に駆け込んだ人びとに関する記録は、書かれないケースが多いため、その実態を史料的に細かく位置づけることは困難をきわめるであろう。しかし、この問題を明らかにしなくては、「次郎法師」としての直虎の意味は明らかになってこない。これこそが、今後の大きな課題といえるであろう。

「悪党」のボスとしての直虎

さて、最後に直虎の別の側面についても触れておきたい。それは、彼女と「悪党」との関係である。すなわち、彼女自身にも「悪党」的な性格がある、という点について触れたい。

直虎は、「次郎法師」と名乗っている。この意味については、『井伊家伝記』が「備中次郎と申す名は井伊家惣領の名、次郎法師は女にこそあれ、井伊家惣領に生まれ候間、僧俗の名を兼ねて次郎法師とは是非なく、南渓和尚御付けなされ候名なり」と説明しているが、これは苦しい解釈である。おそらく、『井伊家伝記』の作者の祖山和尚が、「次郎法師」という名前から、あれこれと思案した結果、きわめてシンプルに導き出された結論であると思われる。しかし、やはり、「次郎法師」という名は、何か変である。

私はむしろ、この「次郎法師」という名は、中世の「悪党」らが用いた名前のように思われる。

「安東蓮聖《あんどうれんしょう》」「寺田法然《てらだほうねん》」など、中世荘園で活躍した「悪党」らは、僧侶の名で活動することが多かった。それは、世俗の世界を超えて、いわば「アジール」（不可侵性）を体現して活動範囲を広げていったからである。「次郎法師」の場合も、これに近いのではないかと考えられる。つまり、井伊直虎が「次郎法師」と名乗った背景には、別の理由もみえてくる。武田晴信が「信玄」、上杉景虎《かげとら》が「謙信」と名乗ったように仏神の力を借りて自身のカリスマ性をひきたてることは、きわめて一般的であった。直虎もまた、「次郎法師」として龍潭寺に入ることによって、一種の「アジール性」を体現しようとしたのではないだろうか。

なお、くりかえすが、井伊氏は、都の最先端の文化を積極的に摂取し、「小京都」の建設を実現していた戦国大名今川氏からすれば、明らかに異端的な存在であった。すなわち、今川氏からみれば、「悪党」そのものであった。井伊氏が「悪党」であった、という言い方に違和感を覚える方もいると思うが、「悪党」という概念は、相対的なものであり、絶対的なものではない。時代や発言者の立場によって、「悪党」という意味合いはずいぶんとかわってくる。すなわち、井伊氏が支配している「山の民」たちは、「都市民」たちからすれば「悪党」そのものであった。「野蛮」とまでは言えないまでも、それに近い存在とみなされていた。

直虎が背負った「宿命」

永禄三年（一五六〇）、今川氏真が井伊谷龍潭寺に下した「悪党以下山林と号して走り入りの処、住持にその届なく寺中において成敗すべからざる事」という文言。この「悪党以下」という文言のなかには、都市化の波に追われ、住むところを失っていた引佐地方の「山の民」たちが含まれていたのではないか、ということは先述した。引佐地方は、十六世紀後半になると近世社会に向かって少しずつ変質を遂げていった。天正年間には検地帳が作成され、土地による人的把握が進められていく。遍歴型・移動型の社会から、定住型の社会へと大きく変化していく時期である。小さな集落が、やがて多くの人が定住できる村へと発展していく。そうすると、遍歴していた「山の民」のなかには、こうした経済・社会構造の変転についていけない者もあらわれはじめた。彼らのなかには、山賊化する者もいたであろう。あるいは、ある日突然、村人から疎まれるようになってしまった「右近次郎」のような者もいたであろう。彼らのなかには、村人（定住民）からは賤視《せんし》されるような人びとも生まれてきたかもしれない。そういう人びとをひっくるめて、「悪党」と呼んだのではないか。今川氏や徳川氏によって「悪党以下」と名指しされたのは、まさに、時代の変化のなかで翻弄された彼らであろう。

だとすれば、「次郎法師」として龍潭寺に居した直虎は、彼ら・彼女らの受け皿としての機能を果たしたといえる。そう考えると、彼女が背負った「宿命」は、じつに重いものであったことが、身に染みてわかってくる。歴史の大きな分岐点に立ち、自らの役割を演じきった彼女は、はとこの井伊直政が徳川家康のもとへと出仕したのを見届けた後、ほかの多くの「山の民」とともに近世社会のなかに包摂され、やがてそのすがたをみせなくなっていった。

ちなみに、直虎を「悪党」と考えた場合、井伊直政の象徴ともいえる「赤備え」についても別の角度からみる必要がでてくる。「赤」は、異端を象徴する色であり、「悪」と関係の深いものである。また、もともと「赤備え」は、武田家の武将山県昌景《やまがたまさかげ》のものを直政が引き継いだものである。当然、「山の民」が多く含まれていたであろう。

こうした観点から、井伊の「赤備え」は、まさに遠江井伊氏の「山の民」としての性格を如実に示すものであったといえる。井伊直虎から直政へと、たしかに受け継がれたものもあったのである。

中世から近世へ——歴史の分岐路と直虎

さて、歴史上の人物として、私たちは、井伊直虎をどのように理解するべきなのだろうか。彼女は、少なくとも三つの意味で〝分岐点〟に立っている。一つは、未開社会（自然）

から文明社会（都市）への転換点に彼女は立っている。直虎の時期は、これまで人智の完全には及んでいなかった未開の領域に人間の手が入り込み、文明社会への進路が明確化していった時期である。かつて、網野善彦氏が十三世紀末を語るうえで使った言葉を借りれば、「野性」に対する「文明」の最終的勝利が決定的となった時期といえるであろう。遠江国においても、その雄大な自然が徐々にではあるが克服されつつあった。山間の農村にも、用水路がひかれ水田が開発され、平地とかわらない村落社会が展開していくようになる。井伊直虎が生きた時代は、そうした社会が移り変わっていく、まさにその時期であった。

もっと具体的に述べておこう。遠江国の場合、「浜松城」を中心とした城下町が整備され、政治・経済・文化の各方面においてその存在感が増し、その都市としての機能が充実していった時期である。これは逆にいえば、引佐や天竜地方の地位の相対的な低下を意味したであろう。中世社会においては、引佐地方などの遠州北部山中の政治的な役割は非常に大きかったとみられる。中央統一権力によって東海道が整備され、浜松城を核とする政治・社会・経済・文化圏が整備されたことにともない、当地における山間地帯の影響力は次第に縮小されていく傾向になった。天正年間を一つのピークとして起きてきたこの変化は、武田勝頼と徳川家康がしのぎを削っていたまさにその頃、少しずつ進行していったとみられる。そのため、ほとんど注目されることもなかったが、遠江国の社会全体が、山間地帯優先型から都市優先型の社会へと変化していったことをもっと理解しなければならない。それは、この時代に浜松という都市に経済活動や人口が集中するようになり、次第に山地と都市とのあいだに「格差」が生じてきたことを意味する。こうした歴史の変化は、「由緒書」などをみれば一目瞭然である。浜松周辺に残る「由緒書」のほとんどは、「権現様浜松御在城之節」という文言ではじまっている。これは、浜松で暮らす多くの社会集団の起源が、家康時代につくられたものであることを物語っていると考えてよいだろう。

そうした変化のなかで、かつて自然のなかで威を振るっていた「山の民」の居場所も奪われていくことになる。直虎が井伊氏の惣領となったのは、まさにそういう時代の転換期、すなわち中世から近世への過渡期であり、「歴史の分岐路」であった。

江戸時代の武家社会というのは、基本的には男性中心の社会構造である。もちろん、大奥もあり、女性の活躍も無視はできない。さまざまなかたちで女性が活躍したことは知られているが、その一方で、中世にくらべると制約は大きかった。この転換のなかで、彼女の存在は次第に注目されなくなっていったということができるだろう。むしろ、幕府の中核にある井伊氏にとって、彼女を「惣領」として認めることなどできるはずがなかった。

もちろん江戸時代にも、いわゆる「縁切寺」(駆込寺《かけこみでら》)のように、暴力をふるう夫や舅《しゅうと》から逃げて妻が尼寺に駆け込むようなことはあった。鎌倉東慶寺《とうけいじ》と上州満徳寺《まんとくじ》がとくに有名であり、女性たちの「アジール」であったことが知られている。しかし、幕藩体制における表向きの政務の中心は、あくまで男性であった。

井伊直政の代までは、「山の民」としての側面は、まだ辛うじて残存していた。「赤備え」もそうであるが、直政について伝える後世の逸話のなかに、彼の野蛮性を主張するものが多いのは、こうした「山の民」の側面を反映していたからなのかもしれない。さらに、直政自身は、豊臣秀吉の母・大政所《おおまんどころ》の接待に功績があったことが知られている。要するに、井伊直政は、母思いであったという（大政所の接待にあたっていたために、実母である永護院《えいごいん》の死には立ち会えなかったというが）。実際、直政は母を大切にしたようで、江戸時代に入っても、龍潭寺では永護院殿の遠忌《おんき》法要は盛大にいとなまれている。また、一方で、井伊直政は、家来に対して冷酷で残忍なところもあったといわれる。実際、のちに家来となった近藤秀用《ひでもち》（井伊谷三人衆のひとり、近藤康用の子）は、直政のあまりの冷酷さに耐えかねて逃亡したという逸話もある。こうした直政の性格には、「山の民」としての要素が背景にあったかもしれない。

新発見の直虎史料

さて、井伊氏が「山の民」であるとして、なぜ彼らが奥深い山中で暮らすことを選択したのかは、やはり大きな疑問である。この問題に対する答えとして、鉄を求めて引佐地方に入ってきた人びとの姿をすでに提示している。私自身は奥山方広寺の開基などとリンクさせてこの問題を考えていくべきだと思っているが、それについては、別の機会に分析することにしたい。

ここでは、井伊氏もまた「鉄」にこだわりをもっていた一族であった可能性について再論しておきたい。

すでにその手がかりについては触れているが、ここでは、具体的な史料をもとに考えてみたい。先日、柴田宏祐氏・伊藤八右氏のご紹介で、渋川の東光院で調査した際、同寺の過去帳のなかに、次のような書置きを発見した。

　御尋ニ付書上候口上之覚
一虎松君為開運虚《こ》空《くう》蔵《ぞう》菩《ぼ》薩《さつ》□□□、
右ハ天正三乙亥年信濃守直盛公息女祐圓禅□□
拝領之品ニ相違無御座候、以上、
天正十八庚寅五月　日　　　引佐郡渋川村

東光院
　　桂昌 印

井伊
　御役所
　　近藤石見守様

これは、能仲《のうちゅう》和尚の後住である桂昌《けいしょう》和尚が、井伊谷三人衆の一人近藤氏に送った書状の写しとみられる。ここには、直盛娘である祐円、すなわち直虎が虚空蔵菩薩を同寺に寄贈したことが記されている。天正十八年というのは、直虎が没して八年が経過した年である。おそらく、これは生前に直虎が所持していた虚空蔵菩薩を東光院に寄進したことを示していよう。さて、この虚空蔵菩薩は何を指しているのだろうか。

これは、同寺に井伊直盛寄贈として伝わる「掛仏《かけぼとけ》」(秘仏)のことを指しているのだろう。この「掛仏」は二点残されていたというが、現在確認されるのは一点のみである。この「掛仏」の裏面には、「直盛」と克明に刻まれている。これが現物であるかどうかは判断しきれないが、これが井伊直盛のことを指していることはまちがいない。

この「掛仏」をどう捉えるかが、直虎の生涯を考えるうえで、とても重要な課題だと私は思う。まず、この「掛仏」（虚空蔵菩薩像と伝わる）については、箱書・由緒書などが付されており、井伊直盛寄進と伝わってきたことがわかる。しかし、これは先ほどの過去帳にみられる記述と矛盾する。おそらく、江戸時代のある時期に、直虎寄進ではなく直盛寄進であるとの誤解が生まれてしまったのであろう。先ほども説明したように、江戸時代、井伊直虎の事績が、当地の歴史から無意識のうちに消されてしまったこともおそらく影響しているだろう。

「掛仏」（東光院蔵）

さて、この過去帳の記録の通りだとすれば、この「掛仏」は、直虎の守り本尊としてつねに手許におかれていたものと考えるのが自然である。とすれば、そこに「直盛」という銘がある意味は大きい。直虎は、実父である直盛のことをつねに思い、自らの領主としてのつとめをまっとうしたのであろうか。さまざまな思いがこの「掛仏」から伝わってくるが、その真相までは迫れない。直虎にまつわる現存するほとんど唯一とみられるこの史料の検証も、今後の課題となるだろう。

また、こうした直虎個人の信仰の問題から少し離れてみても面白い。先ほどから述べているように、井伊氏が「鉄」製品を寺院に寄進していることは、じつは重要である。これはいずれも推論の域をでないが、直虎の先祖である井伊氏は、もともと「鉄」に関係の深い一族であったのかもしれない。今後もその観点からの史料の発見が期待されるところである。

直虎の正体――「山の民」「女性」「悪党」

そろそろ、井伊直虎という人物の正体をまとめていかなくてはならない。彼女の生涯は、偶然的なものではなく、遠江の大きな歴史のダイナミズムのなかで、必然的な結果として生み出されたものであると、私は考えたいのである。彼女は、「山の民」として勢力を誇ってきた井伊氏の最後の末裔であったといえよう。もちろん、先ほども述べたように、直虎の後を継いだ井伊直政にも「山の民」のDNAはじゅうぶんに受け継がれてはいたであろう。しかし、直政が井伊谷にいた期間は短いし、引佐地方の山間部など訪れたこともなかったのではないだろうか（もっとも、虎松は一時期、鳳来寺にも入っているというから、経由はしていると思われるが）。

また、井伊氏はもともと女性を宗教的な存在として尊重してきた一族であり、そのことが「次郎法師」や「直虎」を生む歴史的な前提となっていたことも先に述べた。もちろん、井伊氏のなかに、女性領主が誕生することになったのは、偶然的な要素も強くあるが、ある程度の歴史的な必然性もみられる。

こう考えてみると、本書の最初に挙げた井伊直虎をめぐる三つの疑問は、すでに解決していることに、読者のみなさんは、お気づきだろうか。

第一に挙げた「なぜ、彼女は『次郎法師』『直虎』という男の名前を名乗ったのだろうか」という問題。これは表面的には第一章で書いたような文脈でも理解できる。すなわち、井伊直満・直義が殺害されて以降の井伊氏の緊張した状況のなかで、直盛の一人娘である直虎が出家しなければならなかったことなど、状況証拠のなかで一応合理的に理解することはできる。

しかし、その内実には、「山の民」としての遠江井伊氏の歴史的性格が隠されていた。「次郎法師」という名には、宗教的性格を帯びることによって、行動の幅を広げられるような、「悪党」的な意味あいもあったと考えられる。

第二に挙げた、「戦国という物騒な時代に、なぜ『女性』が、第一線に立たなければならなかったのだろうか。また、なぜ領主となることができたのか」という課題も、すでに答えは出ている。それこそまさに、「山の民」である井伊氏の置かれた宿命であったのだろう。彼女は女性だからこそ、井伊氏の危機的な状況を切り抜けることができたのである。実際、もし、彼女が井伊直盛の嫡男として生まれてきたならば、父や祖父や曾祖父と同じく戦場で戦死していたであろう。または、誅殺されていたかもしれない。これは結果論かもしれないが、事実として彼女は女性であったからこそ、この難しい局面を乗り越えることができたのである。

そして第三に挙げた「なぜ、彼女のことは、今の今まで一般の人にあまり知られてこなかったのだろうか」という疑問。これについて次項で再論することによって、本書の締めとしたい。

なぜ、直虎は消されたのか?

さて、こう考えてくると、なぜ、直虎の事績がその後の井伊家の歴史のなかで語られることがなかったのか、明白になってくるだろう。それは、彼女のもつ「悪党」としての側面や、女性領主であること、「山の民」としての素性、それらすべての、私たちが「中世」と呼んできたところの特質が、江戸時代を生きる人びとにとっては時代遅れだと感じられたからであろう。だからこそ、井伊直政を養育し、井伊「家」を守った女性と評価する井伊直虎像が形成されたのである。こうした通説も、だいぶ江戸時代の社会通念によって歪められているようにも思う。江戸時代の編纂物には、直虎（次郎法師）についての記録がみられないし、あっても一面的なものにすぎない。彼女が暮らしつづけてきた井伊谷周辺にも、彼女にまつわる伝承はほとんど残されていない。当時の社会全体が、彼女のことを記憶しなかったといえるであろう。

これは、江戸幕府という統一権力が整備され、政治社会の構造そのものが変化したことが大きく作用しているであろう。井伊家のように、「大老」として江戸幕府の中核を担う家柄ともなると、先祖に女性領主がいるというのは、恥ずべきことであったのかもしれない（もちろん、これは当時の観念であるが）。

先ほども述べたように、東光院の虚空蔵菩薩も直虎寄進という記録が残るものの、直盛の寄進として伝来してきている。これも時代の流れのなかでの必然的な結果であったといえるであろう。

こうしたすべてのことをひっくるめて、井伊直虎の生涯とは何だったのだろうか。今一度考えをめぐらしてみたい。織田信長・豊臣秀吉・徳川家康といった強大な統一権力の登場によって、列島各地の自然に根差したくらしは、徐々にではあるがたしかに均質化されていった。こうしたなかで、「山の民」の首長としての生き残りであった彼女の存在も、消されていくことになったのであろう。「山の民」の痕跡は、わずかに民話や伝承、あるいは民俗芸能のなかに記憶されるにとどまり、その実態をうかがい知ることはできない。もしかすると、直虎の生涯を丹念に考えていくことが、こうした失われた記憶をたどる突破口になるかもしれない。

注目すべき「三つの性質」

それにしても、平成のこの時代になって、直虎が注目されているほんとうの理由は、どこにあるのだろうか。私自身は、これは彼女がもつ次の三つの性質によると考えている。

一つは、その革命児的な性格である。本書でみてきたように、直虎は、時代の変化から取り残された多くの人びとのシンボルであった。彼女自身、時代の移り変わりの荒波のなかで、自らに与えられた責任を果たし、生涯を終えたといえる。戦国乱世のなかで彼女の存在は、当たり前のようにみえて、きわめて特殊であった。

そして、二つめの要素として、彼女がそれほど大きな功績を残していない、ということがあげられる。彼女は、今川氏や武田氏、徳川氏などの大きな勢力の「境目」の一領主として過ごしたことは事実である。決して華々しい活躍をしたわけではない。自ら剣をもって戦い、敵を倒していったわけでもないだろう。しかしだからこそ、彼女の生涯が、私たちを魅了するのではないか。

三つめは、現在、ようやく日本においても女性が活躍する社会が形成されつつあることである。現在の価値観のなかで直虎をみたとき、これまでとはまったく違ったイメージがみえてくる。それは、井伊家を守った人物（内助の功）というよりも、変わりゆく社会に抵抗した一個の強い個人としての姿である。こうしたイメージがよみがえってくることは、大きな意味をもつであろう。

また、個人的な感覚としては、「新東名高速道路」それから「三遠南信自動車道」も整備されつつあり、地域社会の構造そのものが変質していくこの時期に、井伊直虎が全国的に注目されるようになったことに強い興味をもつ。今、日本は、社会・政治・経済のあらゆる側面で、大きな構造転換の時期にある。そうしたなか、大きな力に挟まれながらもまっとうに生きた、変わりゆく時代に取り残されながらも自らの役割を淡々と演じつづけた彼女の生涯は、やはり、私たちに何かを伝えてくれる。彼女の人生は、決して天下国家や政治体制を大きく変えたものではない。しかしだからこそ、彼女の人生は、より身近に感じられるのではないか。

本書の冒頭で私は、彼女は「宿命」を抱えていたと記した。それは、「次郎法師」として出家しなければならなかったこと、姫としての順風満帆な人生を歩めなかったこと、一時期ではあるが領主として井伊氏を率いなくてはならなくなったこと、そしてその後は忘れ去られてしまったこと、こうした個人としての彼女にふりかかったいくつもの「宿命」の背後には、中世から近世へと変化する大きな歴史のうねりがあったと私は考えている。

もちろん、本書で示した私の評論がすべて正しいとは考えていない。今後も多くの論者からの批判をもとに見解を修正していかなくてはならない。その余地は大いにあるだろう。しかし、井伊直虎という一人の女性を縛りつけていた「通説」や「常識」という名のとばりのいくつかを揺るがすことができたとすれば、本書は一応の成功をもたらしたといえるだろう。いずれにせよ、現在を生きる私たちにとって、井伊直虎が、まさに「ヒロイン」としてふさわしい、という一点だけは断言できる。

おわりに　歴史の岐路に立つ人びと

失われた歴史像の復元をめざして

いかがであっただろうか。本書で紹介したのは、これまでの通説とはまったく相いれない独特な歴史的な世界である。それがすべて正しいとは言い切れないが、〝そう考えれば理解できる〟ということがいかに多いか。むしろ、本書の内容は、井伊直虎のことをよく知る方には、理解しやすかったかもしれない。

従来の井伊氏をめぐる歴史認識の半分は、後世になって新たに創られたものであろう。それは、井伊氏が、江戸時代に「大老」という幕閣の中枢にいたことも大きな要因と思われる。そしてさらに、今日またNHKの大河ドラマとして歴史の表舞台へと躍り出たことも、新たなイメージを付与することだろう。そして、今また私は、読者のみなさんの前に、遠江井伊氏に関するまったく新しい歴史像を提示してしまった。本書の内容が、どこまで史実に近いか。これは、私だけでは判断できない問題である。私の「井伊氏＝山の民論」は、今後、多くの読者の批判に接することによって、より実態に即した歴史像へとブラッシュアップされていくことになるだろう。その行為こそが、失われた歴史像が、少しずつ回復されることにつながっていくと、私自身は考えている。

「仮説」と今後の検証

本書は前著『文明・自然・アジール』の内容を、井伊直虎に焦点を絞り直し、その後新たに発見された事実をも含めながら執筆したものである。両著書をもって、私の「遠江井伊氏」論は、一応の完成をみたといってよい。両書の内容は、いずれも「仮説」によっているところが多くある。「実証主義的ではない!」とか、「史料的な根拠薄弱!」といわれてしまえば、それまでである。しかしながら、それでも、現時点で私の「仮説」はすべて矛盾なく理解できるものと考えている。そして、この「仮説」を少しずつ残された「地名」や民俗行事などを含めて具《つぶさ》に検証していくことによって、遠江井伊氏の真の姿と、その背後に隠されている、壮大な民衆たちの消された世界がみえてくると、私は確信してやまない。

「人間対自然」という構造

あえてくりかえすが、私は、やはり井伊直虎とは、映画『もののけ姫』の「エボシ御前」のような存在だったと思う。つまり、井伊直虎の暮らした世界は、映画『もののけ姫』の世界そのものだ。「ヤマイヌ」の話もしたが、猪や鹿、猿は、その後もこの地方の多くの人びとを苦しめることになる。自然と共存する社会が、ややオーバーにいえば、今日まで続いている。

それは、単なる背景・舞台のことをいっているのではない。直虎の周りに登場する人物は、そのほとんどが『もののけ姫』に置き換えることができる。「シシ神」の首を手に入れようと、「ジバシリ」たちを組織した「ジコ坊」は、瀬戸方久のイメージにつながる。主人公である「サン」と「アシタカ」は？　と問われれば、人びとのだまし討ちを受けて殺害され、憎しみのあまり蛇となった「右近次郎」とその妻を、挙げることができるだろう。「サン」と「アシタカ」は、自然と人間との戦いのなかで生き延びるが、右近次郎夫婦は、その戦いのなかで消されていった。「山の民」が、近世社会のなかで抹殺されていく過程が、この右近次郎の物語の背景には隠されているのである。

映画『もののけ姫』≒「井伊直虎の世界」という構図は、もちろん半分は冗談であるが、半分は本気である。なぜ、両者が似てくるかといえば、それは、直面している構造――すなわち「人間対自然」――が共通しているからである。おそらく、自然から文明へと中心軸が入れ替わっていく歴史の転換点は、時期こそ違っても、日本中のどこにでもあったことのように思われる。それが遠州の場合、たまたま直虎の時期と重なっただけであろう。ただ、一つだけ忘れないでもらいたいのは、直虎らの活躍の背後には、私がここで「山の民」や「都市民」と呼んだような、多くの人びとの平凡な生活があったことである。この点を考慮しなければ、きっと、真の意味での歴史像の復元はありえない。

「山の民」の足跡を探す冒険

もしかすると、井伊氏の関係者や、地元の方にとっては、自身の先祖が「山の民」かもしれないといわれたことにお怒りの方もいらっしゃるかもしれない。しかし、それは二つの意味でまちがっている。

第一に、現在、「山の民」の直系的な一族は確認できない。地元に暮らす多くの人びとの先祖もその多くは、戦国期までしか遡れない。現在、この引佐地方山間部に住む人びとのほとんどは、江戸時代にこの地に入植した人びとの系譜に位置づけられるものである。残念ながら、「山の民」に直接的につながる系譜をもつ家は存在しないであろう。

第二に、「山の民」は、概念的には「文明」に対して「野性」として捉えられるが、これは決して両者のあいだの差別を示すものではない。むしろ、「山の民」は、歴史を動かす主体として大きな活躍をした人びとであった。たしかに、一時期、「山の民」のなかにも「悪党」化して、人びとに蔑《さげす》んだ目でみられる者もあっただろう。しかし、そうした人びと全体が「山の民」とレッテル貼りをされて差別されるようなことはなく、無意識のうちに近世社会のなかに包摂され、「都市民」と「山の民」の差異はなくなっていったのであろう。

くりかえすが、遠州地方の歴史をつくりあげる原動力となったのは、まちがいなく彼ら「山の民」である。彼らの足跡を探す冒険を、これからもおこなっていかなくてはならない。彼らの存在が、歴史のなかに位置づけられたとき、遠江の歴史がより深みをもって理解できるとともに、列島史全体にとっても大きな意味をもってくるからだ。自然と文明の枠組みは、地域によって当然大きな差異があるものの、どこの地域でも基本的にあてはまるからだ。

自然への回帰願望

引佐地方は、天正～慶長年間の統一権力（豊臣氏・徳川氏）の支配によってその社会構造を激変させた。旧引佐町のどの地域の区有文書をみても、そのほとんどが、元和《げんな》年間（一六一五～二四）ぐらいからその記録が残っている。近世村落史を専攻する私などからすれば、ここから歴史がスタートしているような錯覚を覚えてしまう。しかしだからといって、この時期から引佐地方の歴史がはじまったわけではない。新たな近世村が形成されていったことにより、次第に旧来の「山の民」の生活は実態をなくし、「町の民」「都市民」（新規参入の者たち）と融合していったのであろう。さまざまな手法を駆使して、これ以前の人びとの暮らしを明らかにしていくことが、私たちの今後の課題となるだろう。

それにしても、「山の民」の姿は、ほんとうに近代になって社会全体が「文明化」していくなかでまったく消滅してしまったのだろうか。その足跡は、まだ各地に色濃く残っているのではないだろうか。とくに、「山の民」たちの残影を色濃く残す奥山半僧坊が、日清・日露戦争下に、徴兵逃れ信仰や弾除け信仰の対象になったことを、かつて「アジール」との接点から論じたことがあるが（拙著『アジールの日本史』同成社、二〇〇九年）、人間は、文明のなかにあっても、どこかで自然の力を頼りにしてしまうところがある。

きっと私たちの心のどこかには、自然の力へ回帰したいという願望があるのだろう。それは言葉を換えるならば、私たちのどこかに、歴史の発展や「進歩」の過程で失われてきた多くの人びとの生活に対する畏敬や愛着の念が、残影として潜んでいることを意味している。井伊直虎にスポットライトがあたるなかで、歴史のなかで消えていった多くの人びとの姿が、明るみに出てくることがあるならば、私にとって、これに勝る喜びはない。

さて、ふたたび、引佐地方をめぐる旅をはじめることにしよう。この地には、まだまだ井伊直虎とともにその人生を歩んだ多くの「山の民」の足跡が、たくさん隠されているはずだから。

あとがき

本書は、井伊直虎の生涯について考察すると同時に、「女領主」「山の民」「悪党」という三つの視点から彼女を歴史的に位置づけようと試みた著作である。次郎法師こと井伊直虎は、必ずしも有名な人物でもないし、歴史上に名を残した人物でもない。しかし、彼女の人生は、中世から近世への転換期を生きた一人の女性として、象徴的ではある。その意味では、彼女の人生から私たちが学ぶべきものは、案外に多いのではないか。

さて、本書は一般向けの書籍ということで、多くの先行研究を参照しつつも、出典などは逐一示さなかったものもある。その点をお詫びするとともに、先行研究に対してあらためて敬意と感謝の意を示したい。また、本書を書くにあたっては、伊藤八右氏、柴田宏祐氏、朝比奈克之氏をはじめ、東光院の中嶋浩明氏、龍潭寺の武藤全裕氏にたいへんお世話になった。地元の方々とお話をしていくなかで、遠江井伊氏の歴史が、引佐町にかなり深く刻みこまれていることに気付かされた。あらためて感謝したい。

今回の企画では、編集作業を担当していただいた三猿舎の安田清人氏、講談社の所澤淳氏にたいへんお世話になった。数々の著書を手掛けてきたお二方からのアドバイスは、どれも的確で、とても参考になった。本書に組み込めなかった部分でも、今後の研究の指針となるような助言をいくつもいただいた。あわせて感謝申し上げたい。

それにしても、思い返せば、井伊直虎の問題は、私が中学三年生のときからずっと関心をもって調べてきたテーマである。はじめて龍潭寺を訪れ、武藤全裕氏からお話を聞いてから、もう十五年の月日が経とうとしている。その間、いろいろなことがあり、井伊氏の研究から離れていた時期もあった。自暴自棄になり、なにもかも投げ出したいと考えたことが何度もあった。しかし、どんなときでも、いつも自分を支えてくれたのは、やはり、地元である引佐地方の自然と、そこに暮らす優しい人びとだったと思う。その意味では、私にとって引佐地方は、まさに「アジール」であった。

著者

N.D.C.210.47　202p　18cm
ISBN978-4-06-288394-8

講談社現代新書　2394

井《い》伊《い》直《なお》虎《とら》　女領主《おんなりょうしゅ》・山《やま》の民《たみ》・悪党《あくとう》

二〇一六年一〇月二〇日第一刷発行

著　者　夏目琢史《なつめたくみ》　©Takumi Natsume 2016

発行者　鈴木　哲

発行所　株式会社講談社
東京都文京区音羽二丁目一二―二一　郵便番号一一二―八〇〇一
電　話　〇三―五三九五―三五二一　編集（現代新書）
〇三―五三九五―四四一五　販売
〇三―五三九五―三六一五　業務

装幀者　中島英樹

印刷所　大日本印刷株式会社

製本所　株式会社大進堂

定価はカバーに表示してあります　Printed in Japan

「講談社現代新書」の刊行にあたって

教養は万人が身をもって養い創造すべきものであって、一部の専門家の占有物として、ただ一方的に人々の手もとに配布され伝達されうるものではありません。

しかし、不幸にしてわが国の現状では、教養の重要な養いとなるべき書物は、ほとんど講壇からの天下りや単なる解説に終始し、知識技術を真剣に希求する青少年・学生・一般民衆の根本的な疑問や興味は、けっして十分に答えられ、解きほぐされ、手引きされることがありません。万人の内奥から発した真正の教養への芽ばえが、こうして放置され、むなしく滅びさる運命にゆだねられているのです。

このことは、中・高校だけで教育をおわる人々の成長をはばんでいるだけでなく、大学に進んだり、インテリと目されたりする人々の精神力の健康さえもむしばみ、わが国の文化の実質をまことに脆弱なものにしています。単なる博識以上の根強い思索力・判断力、および確かな技術にささえられた教養を必要とする日本の将来にとって、これは真剣に憂慮されなければならない事態であるといわなければなりません。

わたしたちの「講談社現代新書」は、この事態の克服を意図して計画されたものです。これによってわたしたちは、講壇からの天下りでもなく、単なる解説書でもない、もっぱら万人の魂に生ずる初発的かつ根本的な問題をとらえ、掘り起こし、手引きし、しかも最新の知識への展望を万人に確立させる書物を、新しく世の中に送り出したいと念願しています。

わたしたちは、創業以来民衆を対象とする啓蒙の仕事に専心してきた講談社にとって、これこそもっともふさわしい課題であり、伝統ある出版社としての義務でもあると考えているのです。

一九六四年四月　野間省一

日本史

1258 身分差別社会の真実——斎藤洋一 大石慎三郎
1265 七三一部隊——常石敬一
1292 日光東照宮の謎——高藤晴俊
1322 藤原氏千年——朧谷寿
1379 白村江——遠山美都男
1394 参勤交代——山本博文
1414 謎とき日本近現代史 野島博之
1599 戦争の日本近現代史 加藤陽子
1648 天皇と日本の起源 遠山美都男
1680 鉄道ひとつばなし——原武史
1702 日本史の考え方——石川晶康
1707 参謀本部と陸軍大学校 黒野耐

1797 「特攻」と日本人——保阪正康
1885 鉄道ひとつばなし2——原武史
1900 日中戦争——小林英夫
1918 日本人はなぜキツネにだまされなくなったのか 内山節
1924 東京裁判——日暮吉延
1931 幕臣たちの明治維新 安藤優一郎
1971 歴史と外交——東郷和彦
1982 皇軍兵士の日常生活 一ノ瀬俊也
2031 明治維新 1858-1881 坂野潤治 大野健一
2040 中世を道から読む——齋藤慎一
2089 占いと中世人——菅原正子
2095 鉄道ひとつばなし3——原武史
2098 戦前昭和の社会 1926-1945——井上寿一

2106 戦国誕生——渡邊大門
2109 「神道」の虚像と実像 井上寛司
2152 鉄道と国家——小牟田哲彦
2154 邪馬台国をとらえなおす——大塚初重
2190 戦前日本の安全保障——川田稔
2192 江戸の小判ゲーム——山室恭子
2196 藤原道長の日常生活 倉本一宏
2202 西郷隆盛と明治維新 坂野潤治
2248 城を攻める 城を守る——伊東潤
2272 昭和陸軍全史1——川田稔
2278 織田信長〈天下人〉の実像 金子拓
2284 ヌードと愛国——池川玲子
2299 日本海軍と政治——手嶋泰伸

世界史Ⅰ

834 ユダヤ人――上田和夫
934 大英帝国――長島伸一
968 ローマはなぜ滅んだか 弓削達
1017 ハプスブルク家――江村洋
1080 ユダヤ人とドイツ――大澤武男
1088 ヨーロッパ「近代」の終焉――山本雅男
1097 オスマン帝国――鈴木董
1151 ハプスブルク家の女たち 江村洋
1249 ヒトラーとユダヤ人 大澤武男
1252 ロスチャイルド家 横山三四郎
1282 戦うハプスブルク家 菊池良生
1283 イギリス王室物語――小林章夫

1306 モンゴル帝国の興亡〈上〉――杉山正明
1307 モンゴル帝国の興亡〈下〉――杉山正明
1321 聖書vs.世界史――岡崎勝世
1366 新書アフリカ史――宮本正興 松田素二 編
1442 メディチ家――森田義之
1470 中世シチリア王国――高山博
1486 エリザベスI世――青木道彦
1572 ユダヤ人とローマ帝国 大澤武男
1587 傭兵の二千年史――菊池良生
1588 現代アラブの社会思想 池内恵
1664 新書ヨーロッパ史 中世篇 堀越孝一 編
1673 神聖ローマ帝国――菊池良生
1687 世界史とヨーロッパ 岡崎勝世

1705 魔女とカルトのドイツ史――浜本隆志
1712 宗教改革の真実――永田諒一
1820 スペイン巡礼史――関哲行
2005 カペー朝――佐藤賢一
2070 イギリス近代史講義――川北稔
2096 モーツァルトを「造った」男――小宮正安
2189 世界史の中のパレスチナ問題 臼杵陽
2281 ヴァロワ朝――佐藤賢一

世界史Ⅱ

日本語・日本文化